Título original: Como Usar o seu Poder Para Qualquer Coisa

Lançamento: 1999, pela Editora da Mente. Revisto e ampliado em 2012, com título: Aprenda a Usar o seu Poder.
Capa: Andrey Lamberty

T814a Trevisan, Lauro
Aprenda a usar o seu poder / Lauro Trevisan.
- Santa Maria : Editora da Mente, 2015.
176 p.

ISBN: 978-85-7151-071-5

1. Autoajuda 2. Psicologia 3. Espiritualidade
4. Motivação I. título

CDU 159.962.7

Ficha elaborada por Eunice de Olivera, CRB 10-1491

EDITORA DA mente

Pedidos: Editora e Distribuidora da Mente
Rua Tuiuti, 1677 – Caixa Postal: 559
97015-663 Santa Maria – RS – Brasil
Fone: (55) 3223.0202 ou Fax: 55.3221.7184
Email: mente@editoradamente.com.br
Site: www.editoradamente.com.br
Autor: laurotr@uol.com.br
Site do Autor: www.laurotrevisan.com.br
Rede social: www.facebook.com/lauro.trevisan

LAURO TREVISAN

APRENDA A USAR O SEU PODER

2ª Edição

Santa Maria - RS
Editora da Mente
2015

Não há privilegiados no mundo de Deus. Se um ser pode, todos os seres da mesma espécie também podem. Não inveje ninguém, inspire-se nos que subiram e são o que são.

ENCONTRE O CAMINHO

Inúmeras pessoas leem livros, participam de jornadas e cursos, mas não sabem como modificar a vida e alcançar objetivos especiais.

Têm desejos grandiosos e, no entanto, não chegam lá.

Desejam mundos e fundos, mas não acreditam.

Sabem que existe um Poder Infinito em todo ser humano, mas não sabem como usá-lo.

Já ouviram mil vezes que Jesus afirmou que a fé remove montanhas, produz milagres, cura enfermidades, tudo alcança e torna possível o impossível, mas acham difícil conseguir as metas mais simples.

Não desacreditam e nem acreditam.

Querem, mas não veem possibilidade prática.

Este livro quer mostrar o caminho.

Meditei sobre as principais dificuldades que me apresentam, ao longo de minhas andanças por esse mundo de Deus e busquei colocar a resposta aqui.

Vamos ler juntos e superar as barreiras?

Estou com você. Carinhosamente com você.

Lauro Trevisan

Deus é o poder e você tem o poder. Ser é essência, ter é concessão. Essa concessão é para ser usada à vontade. Comece a ser agora o que deseja ser daqui por diante.

CAPITULO 1

SE VOCÊ PODE DESEJAR PODE REALIZAR

Até pouco tempo, dizia-se que nem tudo se consegue na vida, que uma coisa é sonhar sonhos doirados, outra coisa é cair na real.

Um senhor me disse que, se a gente pudesse realizar os desejos, o mundo seria outro.

Concordo com ele. A diferença está em que ele não acredita e eu tenho certeza de que assim é e assim será. Como você vai ver, através deste livro, qualquer pessoa pode e deve realizar seus projetos de vida.

O mundo já está começando a ser diferente. Apresse o passo para não ser tachado de homem do século passado. Não queira ser como aquele soldado que ainda está escondido nas montanhas das Filipinas à espera que termine a segunda guerra mundial.

***

Pense um pouco:

Se você TEM PODER DE SONHAR E DESEJAR, necessariamente DEVE TER PODER DE REA-

LIZAR. Conseguiu apreender?

***

Certo dia, um sujeito disse para o amigo:

- Vou realizar seu sonho de ter uma casa bonita e aconchegante. Vou dar-lhe uma casa.

- Muito obrigado. Onde está a casa? – perguntou o amigo, cheio de expectativas.

- Eu não tenho casa nenhuma para lhe dar. Disse por dizer.

- Você está pirado - irritou-se o outro. - Se não tem casa, como pode me oferecer? Se não vai me dar uma casa, não prometa. Prometeu, tem que cumprir. Ou então você é um doido varrido.

O Mestre afirmou, certa vez: "Pedi e dar-se-vos-á, porque todo aquele que pede, recebe".

Agora conclua você: Ou Jesus estava falando a verdade ou era um delirante.

Tanto Jesus quanto a ciência do Poder da Mente são definitivos: Se existe o pedido, tem que existir a realização do mesmo. Se existe o ato criador mental, deve existir a realidade correspondente.

Onde há o pedido, há o recebimento. É a lei.

***

PEDIDO E RECEBIMENTO SÃO AS DUAS FA-

CES DA MESMA REALIDADE. Um contém o outro. Esta é uma grande notícia, confirmada também pelo Mestre.

VOCÊ ACREDITA?

***

O MAPA DA MINA

Se pedido e recebimento, pensamento e realidade, formam uma unidade, você não pode abrir nenhuma brecha entre os dois.

Você rompe a unidade que deve existir entre pedido e recebimento, pela dúvida, descrença, negativismo, hesitação, medo, desinteresse, pessimismo. Neste caso, está colocando outra ideia contrária, que puxará a concretização do seu conteúdo negativo.

O mapa da mina é acreditar que seu pedido, ou sua oração, ou mentalização, já está se realizando, pela lei de causa e efeito, ou, se quiser, pela lei da fé, como verá mais adiante. Aliás, para minimizar o tamanho da sua incredulidade, garanto-lhe que desejar é um feito muito mais fantástico do que sua materialização. Para desejar, você teve que exercer o grandioso poder criador divino, já que desejar é criar algo do nada, ao passo que a concretização nada mais é do que uma necessidade que por si mesma se impõe.

O QUE DIZ A FILOSOFIA

A filosofia afirma que nenhum ser pode criar algo que esteja além de sua capacidade de realização. Por exemplo, o leão não pode imaginar um automóvel, por isso nunca conseguirá produzir um automóvel. A cobra não pode navegar na internet, porque essa atividade está além da sua capacidade criadora. Uma árvore não pode jogar futebol.

O ser humano tem capacidade de criar mentalmente uma casa, um carro, um computador, um avião, um estado de felicidade e de paz, por conseguinte, deve ter possibilidade de realizar tais concepções. Está certo?

A PROVA DA ORIGEM

Com certeza, você nunca ouviu alguém gritar aí de qualquer esquina: "Oi, sou eu, acabei de me fazer do nada!"

O nada não pode produzir vida.

A criatura humana, no princípio dos princípios, foi feita por um Ser Infinito, porque só o Infinito pode ser o ponto inicial da vida de outros seres finitos.

Diz a bíblia que Deus fez o homem à sua imagem e semelhança. Isto significa que a criação humana foi, antes de tudo, ato amoroso. Somente um gesto amoroso pode criar à imagem e semelhança do criador.

O Criador se ama, caso contrário não seria Deus. Se fez as pessoas à sua imagem e semelhança, as fez por amor, no amor e com amor.

AGORA PRESTE ATENÇÃO:

Deus, por ser poder e sabedoria, e por ser amor, jamais poderia criar seres da sua própria espécie frustrados, inacabados, anormais, incompatíveis com a sua própria ordem de ser.

Pois saiba que isto aconteceria se Deus tivesse dado ao ser humano poder de criar algo na mente e não desse, ao mesmo tempo, poder de concretizar. Teria feito a pessoa pela metade, a teria deixado a meio caminho, sem rumo e sem destino realizável. Seria assim como dar o poder de caminhar e não dar as pernas, como dar a sede e não dar a bebida. Um disparate. Uma coisa exige necessariamente a outra. O homem, nesse caso, não passaria de uma promessa, uma ilusão, um filho pródigo impossibilitado de viver na casa do pai. E a Sabedoria Divina, o Poder Divino, teriam gerado um aborto, um fracasso.

Conclusão óbvia: Deus lhe deu o poder de materializar tudo que você possa criar na mente. Nunca conseguirá criar na mente o que não puder concretizar. Se criou algo na mente, tem poder de realizar.

CONSIDERE COM CALMA

Se você não aceita a existência do poder interior porque entende que Deus não iria oferecer tal coisa ao homem, a conclusão lógica é que você:

1 – ESTÁ ACHANDO DEUS INCAPAZ DE UM GESTO AMOROSO E CONFIANTE.

2 - ESTÁ OFENDENDO A LIBERALIDADE E GENEROSIDADE DIVINA.

3 - ESTÁ CONSIDERANDO QUE DEUS NÃO CONSEGUE CRIAR UM SER EM CONDIÇÕES DE COMPARTILHAR SEU PODER CRIADOR.

4 – ESTÁ ADMITINDO QUE JESUS MENTIU.

Pense nisso.

OS OUTROS COMPROVAM ESTA VERDADE

Se um ser pode fazer algo, os seres da mesma espécie, nas mesmas condições, também podem.

Olhe ao seu redor e verá pessoas alegres, felizes, saudáveis, ricas, bem-sucedidas, cultas, viajadas, sorridentes, agradáveis, sendo e tendo tudo aquilo que você, um dia, sonhou para si.

Se eles puderam, você, que é da mesma espécie, feito do mesmo barro e do mesmo espírito, também pode.

Essa distância que os separa de você, é a mesma distância que os separava dos sonhos que acalentaram em outros tempos. Eles superaram as distâncias e conseguiram, você também pode.

Talvez lhe falte apenas três dedinhos de fé, como aquela vez em que se reuniram os cientistas norte-americanos e soviéticos para trocarem ideias sobre as façanhas de ambos os lados. Era a época da guerra fria e cada bando queria impressionar mais o adversário. Os cientistas soviéticos relataram que construíram um submarino tão fantástico que foi possível fazê-lo encostar no mais profundo dos oceanos.

- Conseguiram encostar no chão mais profundo dos oceanos?! – reagiram incrédulos os norte-americanos.

- Bem, faltaram três dedinhos para encostar no fundo – responderam eles.

Os norte-americanos aproveitaram para contar que construíram um foguete espacial de tão alta tecnologia, que pousou no chão do planeta Marte.

- Conseguiu bater no chão do planeta Marte?! -explodiram abismados os soviéticos.

- Na verdade – sorriram os norte-americanos - faltaram só três dedinhos!

- Não importa se faltam alguns dedinhos ou alguns quilômetros para chegar à realização dos seus desejos. Este livro está apontando o caminho. Siga em frente.

Muita gente, HOJE feliz e bem-sucedida, era pobre, amarga, solitária, carente, analfabeta, infeliz, deprimida, incompreendida, desgraçada, abandonada, enferma, fracassada, desamparada. O que mudou a vida desses indivíduos foi que criaram sonhos, acreditaram neles e saíram a conquistá-los.

Se você fizer o mesmo, também será feliz e bem-sucedido.

Para Deus, não existem privilegiados. Como somos todos IGUALMENTE filhos de Deus, somos tratados igualmente por Deus. Nada mais lógico.

***

REPITA COMIGO:
Não há privilegiados no mundo de Deus.
Se um ser pode, todos os seres da mesma espécie, nas mesmas condições, também podem.

***

O poder é o mesmo para todos. A sabedoria é a mesma para todos. A capacidade criadora é originalmente a mesma para todos. A fé tem a mesma força para todos.

Eu poderia encher páginas e páginas contando a história de pessoas de sucesso que começaram em péssimas condições. Você mesmo conhece tanta gente que sobrepujou o fracasso e hoje é vencedora.

***

ACREDITE:
Você também pode.

CAPÍTULO 2

TORNE-SE DEUS POR MEIA HORA

Deus vem até você neste momento e intempestivamente lhe diz: "Atenção, vou lhe dar a chance de ser deus por meia hora para seu benefício próprio. Pronto, comecei a marcar tempo".

Confusão inicial na sua cabeça: "O que é que vou pedir? Puxa vida, tem tanta coisa e nem sei por onde começar".

Atenção, o tempo está passando. Vinte e nove minutos.

Vamos lá, o que está esperando?

Vinte e oito minutos.

"Ora – dirá você – não quero mais passar essa desgraceira que vivi até agora. Foram tantos sofrimentos, que só Deus sabe. Sobrevivi porque tenho fé e acredito em Deus, caso contrário não sei o que seria de mim".

OLHE O TEMPO: Já passaram quatro minutos e você ainda não pediu nada.

"Está bem, mas preciso dizer que ninguém sofreu o que eu sofri. Comi o pão que o diabo amassou. E as pessoas, ao invés de me ajudarem, festejavam minhas desgraças. Não sei como tem gente assim! Se fosse com eles, garanto que viveriam reclamando pelos quatro cantos da terra. Pelo menos, eu suportei com paciência, porque aprendi religião desde pequeno e a oração tem me ajudado muito".

CUIDADO COM O TEMPO: Você tem apenas vinte e dois minutos. Ainda não pediu nada.

"Não me chateie. Não chega os que me atropelaram na vida? Até você fica me azucrinando? É sempre assim, quando não é um, é outro. E a gente tem que aguentar. Eta, vida amargada! Se soubessem o quanto sofri na vida, não ficariam me atormentando. E fiquem sabendo que não sou máquina para desembuchar tudo num instante. Quem é que consegue pensar direito quando tem alguém atrapalhando as ideias?"

OLHE O RELÓGIO!

SÓ FALTAM 18 MINUTOS!

"E daí? Estou atrapalhando você? Por favor, não amole minha paciência. Se não tem nada que fazer, não faça aqui. Deus deu esta chance para mim, não para você, entendeu? Que mania essa de não fazer e não deixar os outros fazerem! Eu sou o feliz privilegiado de Deus e não você. Recebi a graça de pedir o que quiser, de ser deus por meia hora, e essa consideração foi especial para mim. Também, já era tempo! Por tudo que passei na vida, bem que eu merecia uma sorte melhor".

QUEM AVISA AMIGO É:

FALTAM 10 MINUTOS.APURE!

"Apurar-me? Era só o que faltava! A pressa sempre foi inimiga da perfeição. Os apressados comem cru. Mingau quente se come pelas beiradas, não sabia? Já fui acelerado na vida e quebrei a cara. Agora, tenham a santa paciência, que não me apresso nem que a vaca tussa. Ora bolas!"

VOCÊ SÓ TEM SEIS MINUTOS.

NÃO AVISO MAIS!

"Sabe o que se pode fazer em seis minutos? Não sabe? Bem se vê que é burro mesmo. É lógico que eu quero sair desta situação braba em que me encontro. Meu caso está mais para urubu do que para colibri. Isso não é vida. É o fim da picada. Dose para elefante. Contentar-me com as turbulências que passei, só se eu fosse louco varrido, lavado e encerado. Eu tenho muito que pedir para remediar a minha sorte. Sei que tem gente torcendo para ver a minha caveira, mas isso não me importa mais. Eu sou mais eu. Vou mudar de vida e o resto que se dane. Ninguém teve pena de mim, que se lixem! Comigo é taco no taco..."

Neste momento, tilintou o relógio celestial e se ouviu a voz do Infinito:

TEMPO ESGOTADO.

Essa pessoa pode ser você. A grande maioria sabe apenas se queixar, reclamar, maldizer, mas não sabe pedir.

A queixa, o resmungo, a cantilena negativa, apenas aprofundam o problema.

O que acontece quando você bate o martelo num

prego? Este afunda cada vez mais.

ISSO MESMO: O PROBLEMA APROFUNDA O PROBLEMA.

Como o mundo real é apenas resultado do mundo mental, a mudança deve começar pelo pensamento.

Veja quanta coisa poderia ter pedido aquela pessoa que recebeu meia hora de Deus para alcançar tudo que quisesse! Queixou-se muito, nada pediu, nada recebeu.

Graças a Deus, você não tem apenas meia hora desperdiçada para conseguir o que pretende; você tem o resto da vida. Isso é muito bom.

Se não soube aproveitar a vida e o poder concedido pelo Alto até aqui, não perca tempo com o passado. Aprenda a lição positiva e comece a determinar clara e positivamente o que quer que lhe aconteça daqui para frente.

Como escreveu Catherine Ponder: "Você será o que quer ser, afirmando que você já é".

Aristóteles, famoso filósofo grego: "O que você espera que aconteça, acontece".

O PODER SEMPRE EXISTIU

Há pessoas que pensam que fui eu que inventei o poder da criatura humana e, por isso, me contestam bravamente.

O poder sempre existiu.

O poder é de Deus, concedido a todas as pessoas indistintamente.

Há muitas razões para você se conscientizar desta verdade.

A primeira e principal é a existência, desde o início, do Deus imanente em toda criatura humana.

Outra razão que confirma a existência, desde sempre, do poder, é que o espírito é a fagulha divina, que faz a imortalidade e a DIMENSÃO INFINITA do ser humano. "Vós sois deuses"- disse, certa vez, o Mestre.

NÃO CONFUNDA ALHOS COM BUGALHOS:

Deus É o poder e você TEM o poder. Ser é essência, ter é concessão.

***

Muita gente acusa a ciência do Poder da Mente dizendo que ela pretende tornar o homem mais do que Deus. Isso é grande idiotice. Qualquer inteligência medíocre sabe que o FINITO jamais chegará a ser INFINITO. A gota do oceano nunca será o oceano, por mais que contenha o oceano na sua essência.

DE MAIS A MAIS, Deus é o poder e você tem o poder que DEUS LHE CONCEDEU. Repito para que fique bem claro na cabeça dos apressadinhos.

O PODER QUE FAZ MILAGRES

Disse Jesus: "Quanto ao poder, quem tem fé TUDO PODE". Você acredita em Jesus?

Exemplos do uso do poder você os encontra por toda parte. Ainda duvida?

***

E acredita você em milagres?
Se não existisse poder, não existiria milagre.

CAPÍTULO 3

POR QUE VOCÊ TEM PODER

Que motivo levou Deus a dar poder total ao ser humano?

EM PRIMEIRO LUGAR, porque, ao decidir-se a criar o homem, o imaginou à sua imagem e semelhança, já foi dito.

"Somos da espécie divina; nele somos, nos movemos e existimos"- escreveu o apóstolo Paulo. É fora de dúvida que, sendo da espécie divina, o ser humano tem poder divino.

"Porque dele, nele e por ele existem todas as criaturas humanas"- diz a bíblia.

Se Deus é em você e você é em Deus, é fácil compreender que você tem o poder de Deus.

EM SEGUNDO LUGAR, porque Deus, ao criar o ser humano, deu-lhe a incumbência de continuar a obra da criação do mundo: "Disse Deus: Façamos um ser à nossa imagem e semelhança, para que PRESIDA a obra da criação e DOMINE em toda terra".

A partir do momento em que criou o homem,

Deus cessou a sua ação criadora, passando a este ser a missão de melhorar sempre mais a vida e o mundo.

Se a criatura humana não fosse detentora de poder e sabedoria, ser-lhe-ia literalmente impossível continuar a criação do mundo.

Sabendo ou não sabendo, o homem está construindo um mundo cada vez mais lindo, com melhores condições de vida, descobrindo meios e inventando altas tecnologias.

Não há dúvida de que há muitos que usam o poder para tentar destruir o mundo. É o preço da liberdade.

Jesus afirmou, corroborando essa verdade: "Aquele que tiver fé, (que sabe da existência do poder e como usá-lo), fará as obras que eu faço e fará obras maiores ainda do que estas".

EM TERCEIRO LUGAR, porque é necessário o homem ter esse poder afim de que lhe seja possível realizar-se na vida, caso contrário seria um frustrado.

EM QUARTO LUGAR, porque, se não tivesse poder de realizar e realizar-se plenamente, não teria responsabilidade sobre a vida, já que não lhe teriam sido dadas as condições essenciais para ser e ter o que deseja. Nesse caso, não seria autor da própria vida.

EM QUINTO LUGAR, porque, se os fatos acontecessem à revelia do ser humano - e isso se daria caso não tivesse poder de os realizar - não haveria merecimento e nem culpabilidade na vida humana, uma vez que os fatos teriam ocorrido por outros fatores que não a ação livre do próprio indivíduo.

EM SEXTO LUGAR, porque, pelo menos para os que creem na divindade e verdade de Jesus, ele afirmou reiteradamente a existência do poder humano. Basta repetir apenas esta declaração do Mestre: "Quanto ao poder, quem tem fé TUDO PODE".

FÉ todos a têm, embora poucos a usem. Fé nada mais é do que a fusão entre a palavra, seu conteúdo e a materialização da mesma. É acreditar que a palavra produz a realidade do seu conteúdo. É ter em mente que toda oração acreditada é infalível.

***

A PALAVRA E A CERTEZA DE QUE ELA CONCRETIZA SEU SIGNIFICADO, CHAMA-SE FÉ.

***

Conclui a bíblia que a fé, sendo fé, sempre produz as obras. Nada mais verdadeiro. A realidade da vida não é aleatória e nem o milagre fruto de um impulso momentâneo divino, mas resultado do uso das Leis Universais, criadas por Deus.

CAPÍTULO 4

SÓ HÁ UM CAMINHO: USAR O PODER

Você tem poder, mas de nada valerá se não o usar. Lembre sempre:

O PODER NÃO FUNCIONA
SE NÃO TEM SOBRE O QUE FUNCIONAR.

CONSIDERE O SEGUINTE:

O poder de Deus é expressado pela mente divina.

O poder humano é expressado pela mente humana.

A mente é o veículo pelo qual se manifesta a Divindade, o Poder e a Sabedoria.

Segundo Jesus, há uma relação direta entre o pedido e o recebimento. O pedido antecede ao recebimento. Significa que a palavra determina o que o poder deve realizar.

Usa-se o poder, simplificando, através do pensamento, manifestado sob qualquer forma: ideia, imagem, palavra, oração, mentalização, pedido, crença, hábito, canto, meditação, contemplação, desejo, visualização.

NÃO VOLTE O PODER CONTRA SI

Quando você expressa qualquer pensamento ou pronuncia alguma ideia ou oração, de duas uma: ou você acredita no que está dizendo ou não acredita.

Se você acredita no que profere, sua ideia vai concretizar-se. Se não acredita, está afirmando o contrário. Consequência: vai acontecer o contrário. O poder funciona acionado pela palavra acreditada, seja ela portadora do seu desejo ou oposta às suas intenções.

Seguidamente, pessoas me dizem assim: "Eu mentalizo todos os dias ser alegre, mas não consigo. Onde é que estou errada?"

O erro está na expressão NÃO CONSIGO. O subconsciente vai cumprir para que não consiga. Recorde que o subconsciente não seleciona pensamentos e nem discute ordens. Seu papel é cumprir o conteúdo do pensamento. Muito simples.

GRAVE NOVAMENTE:

O subconsciente não seleciona pensamentos, não corrige o que está errado e nem o que é prejudicial. Sua função é simplesmente executar a ordem que recebe da mente consciente. Pertence a você mentalizar com fé o melhor, querer o melhor, criar o que for positivo e acreditar na realização.

Exemplo: se você deseja a cura do seu fígado, mas acredita no seu médico que afirma não haver solução para seu fígado, o seu subconsciente recebe esta última mensagem como verdade e trata de executá-la.

Se você quer ganhar dez mil dólares por mês, mas logo reconhece que é impossível devido à recessão e ao desemprego, a ordem que o subconsciente recebe é não ganhar dez mil dólares. Cumpri-la-á.

Se você deseja casar, mas supõe que ninguém quererá casar com você, está dizendo ao subconsciente que não vai casar. Não casará.

***

ATENDA PARA O SEGUINTE:

O subconsciente só tem um caminho: realizar o conteúdo do seu pensamento acreditado. Quer seja a seu favor ou contra.

***

Suponhamos que você tenha o hábito de ver a vida em cores depressivas: está acionando o poder para que torne a sua vida deprimida.

Se você afirma que é um sucesso, que progride sempre mais e mais, que a vida está a seu favor, é isto que vai acontecer pela ação do seu poder interior.

Tudo muito sábio. Está de acordo?

LEI DE CAUSA E EFEITO

O que faz a vida de qualquer indivíduo é a mente.

Você está lendo essas páginas porque sua mente assim o quis.

Você comprou aquele fogão ou aquele carro porque assim se determinou através da sua mente.

A MENTE É A CAUSA

A VIDA É O EFEITO

Ninguém consegue escapar à lei de causa e efeito.

Quer você saiba ou não, a lei de causa e efeito faz e continuará fazendo a realidade da sua vida integral.

Para onde você dirigir seus pensamentos, para lá dirigirá sua vida.

***

NÃO HÁ DÚVIDA NENHUMA DE QUE VOCÊ, PELA LEI DE CAUSA E EFEITO, É RESULTADO DOS SEUS PENSAMENTOS.

***

Todo miserável é resultado de seus pensamentos e crenças na miséria, ainda que não a deseje.

Todo infeliz é efeito de sua mente causadora da sua infelicidade.

Deus lhe concedeu o poder, a sabedoria e a liberdade.

Pela SABEDORIA, você conhecerá o caminho a seguir.

Pela LIBERDADE, usará o poder como quiser, onde quiser e quando quiser.

Pelo PODER, você fará.

***

A MAIOR DESGRAÇA E ATRASO DA HUMANIDADE CHAMA-SE IGNORÂNCIA.

***

Não existe injustiça no mundo, nem privilégios, nem sorte, nem acaso, nem azar, nem destino. Exatamente porque tudo se rege pela lei de causa e efeito. Consegue entender?

Reconheça:

TODO MAL É, EM ÚLTIMA ANÁLISE, FRUTO DO DESCONHECIMENTO DAS LEIS UNIVERSAIS, CRIADAS POR DEUS, QUE REGEM O UNIVERSO E A VIDA HUMANA.

Quando a humanidade descobrir as LEIS UNIVERSAIS e segui-las, inauguraremos o mundo dos nossos sonhos.

Estamos muito próximos desse momento. Finalmente.

CAPÍTULO 5

COMO USARÁ ESSE PODER

Muitos dizem que o poder pertence somente a Deus e ele o dá a quem quiser, quando quiser e como quiser, daí a necessidade de rezar, pedir, implorar e fazer penitência para aplacar a ira divina afim de que se compadeça da sua criatura e a atenda nas necessidades da vida. Em parte, a colocação está certa: o poder pertence a Deus. Deus é o poder.

"Sem mim, nada podeis fazer"- disse Jesus, filho de Deus.

Ocorre que DEUS CONCEDEU O PODER, (que lhe pertence), AOS SERES HUMANOS. Já conversamos sobre isso, lembra?

Agora você também tem poder, por concessão divina. Pela liberdade que Deus lhe deu, você pode usar o poder a seu favor ou em seu prejuízo e até mesmo tentar usar o poder contra alguém ou alguma coisa. E pode, inclusive, ignorar a existência deste poder. Pior do que isto: pode ser contra.

COMPREENDA BEM:

O poder se manifesta através de Leis, mas as Leis não ficam suspensas até que você conheça e use o poder.

Um exemplo que ilustra esta verdade: quer você saiba ou não que o fogo queima, ao colocar a mão no fogo, ficará queimado. A sua ignorância não impediu o cumprimento da Lei. As Leis Universais não são suspensas quando existir desconhecimento de seus efeitos. Sempre se autocumprem. É por isso que a ignorância é o pior mal da humanidade.

Deus manifesta seu poder através da MENTE divina.

A mente divina age pela palavra.

O evangelho de João explicita esta verdade:

"No princípio era a Palavra e a PALAVRA ERA DEUS e TUDO QUE FOI FEITO FOI FEITO PELA PALAVRA".

Narra a bíblia: "E disse Deus, no princípio: "Faça-se a luz" e a luz foi feita".

Você, como filho de Deus, detentor do poder de Deus, também usa o poder pela mente, que se expressa pela palavra. Já lhe contei isso.

Talvez se devesse dizer Poder pela Mente ao invés de Poder da Mente.

Norman Vincent Peale tem um livro com este título: "O poder do Pensamento Positivo", e poder-se-ia dizer poder pelo pensamento positivo.

Joseph Murphy colocou na capa do seu livro mais importante, este título: O Poder do Subconsciente. Não seria o caso de dizer: O Poder pelo Subconsciente?

Mas isto não importa. Afirmar que o pensamento é o poder ou que o pensamento desencadeia o poder, ao fim e ao cabo produzirá o mesmo efeito.

Dizer que o subconsciente é o poder ou que no subconsciente está o poder, talvez seja uma tirada filosófica que aqui não vem ao caso.

Se eu digo que tudo o que o subconsciente aceitar como verdade, executa; e se eu digo que o Deus, que habita o secreto do seu subconsciente, realiza o conteúdo da sua palavra interior, para o EFEITO não fará muita diferença, ou nenhuma. O que vale é saber que a sua palavra acreditada sempre produz o resultado correspondente. Esta é a lei da fé, por sinal.

***

RECONSIDERANDO: Você usa o poder pela mente.

A mente se manifesta pelo pensamento expressado pela palavra, ideia, frase, imagem, oração, meditação, mentalização, contemplação, visualização, crença, hábito, sugestão ou por qualquer outra forma mental possível e imaginária. Entendido?

***

Se você diz que pode ou se diz que não pode, assim será. Se acha que pode, pode; se acha que não pode, não pode. Sua palavra é seu poder. Cumprir-se-á. Tudo será feito de acordo com sua palavra. Este é o caminho do poder.

CAPÍTULO 6

A FÉ ACIONA O PODER

É bom insistir que o pensamento infalível, aquele que nunca falha e que sempre produz o resultado previsto - é o pensamento solidificado pela FÉ.

***

FÉ É CRER FIRMEMENTE NA REALIZAÇÃO DA SUA PALAVRA – disse Jesus.

FÉ CONSISTE NA FIRME CONFIANÇA DAQUILO QUE SE ESPERA E NA CONVICÇÃO DAQUILO QUE NÃO SE VÊ - escreveu o apóstolo Paulo.

***

Jesus revela que TODA PALAVRA ACREDITADA, SE REALIZA.

O apóstolo Paulo garante que TUDO que você cria na mente e espera com convicção absoluta que se concretize, necessariamente assim será.

APENAS PARA VOCÊ REFLETIR: FÉ significa

que todo pensamento acreditado, seja qual for, sempre acontece.

Analise suas crenças e verá que elas fizeram o seu caminho até aqui. Crie novas crenças positivas e seus caminhos serão positivos e maravilhosos.

Crença não significa apenas os conceitos religiosos que fazem o conteúdo da sua religião.

Tudo aquilo no qual você acredita, forma o acervo das suas crenças.

Um amigo meu tinha a crença arraigada de que ele era azarado. Dizia-me que bastava comprar um sanduíche e era certo que cairia no chão e, pior ainda, cairia de manteiga para baixo.

Um dia, encontrei um senhor de meia-idade que mantinha a crença de que não devia jamais passar debaixo de uma escada, porque atrairia desgraça.

Há os que mantêm a crença de que o mundo é bom, outros acreditam que o mundo é mau.

Já conversou com aquelas pessoas que acham que ninguém gosta delas? E têm aquelas que conservam a vívida crença de que a vida é uma festa, um lindo dom de Deus.

Todos vivemos de poucas verdades absolutas e de muitas crenças.

A crença, em si, é uma verdade apenas sua, embora haja muita gente que compartilhe desta sua verdade pessoal. Assim como você criou essa crença, que orienta sua vida, neste mesmo momento poderá criar outra crença oposta, que balizará seu caminho ou seu comportamento daqui por diante.

PARADA TÉCNICA:

Faça aqui uma pausa, relaxe, e alinhe dez crenças positivas e dez negativas do seu dia a dia.

Veja, a seguir, como transformar as negativas em positivas.

DIFERENÇA ENTRE LEI E CRENÇA

Graças a Deus, muita gente acredita que tudo que se quer, se consegue.

Aproveito para esclarecer que fé é uma lei e não uma crença.

Posso repetir? – Fé é crer firmemente na realização da sua palavra.

Toda palavra acreditada sempre produz a realidade do seu conteúdo.

A lei da fé fará com que aconteça na sua vida aquilo no qual você acredita, ou seja, o conteúdo da sua crença, seja positiva ou negativa.

A crença pode ser mudada, a lei não.

Diferença: a lei, no sentido estrito, é comprovável; a crença é verdade individual, que pode falhar ou ser mudada.

A lei, colocadas as premissas corretamente, sempre produz o mesmo resultado, sem falhar jamais; a crença é aleatória.

Convenceu-se de que a lei não pode ser mudada?

Para exemplificar, veja as leis que regem a eletricidade, a física, a química, assim por diante. As leis que regem a vida humana são do mesmo feitio.

Note que quando falo em lei, aqui, entendo as LEIS UNIVERSAIS, originárias do Infinito. No capítulo da riqueza abordo mais especificamente a questão das Leis Universais.

Pela lei de causa e efeito, todo pensamento acreditado, materializa-se.

Com isso, você compreende que sua vida não vai acontecendo ao deus-dará, sem rei e nem roque, aos trancos e barrancos, mas é indiscutivelmente resultado de seus pensamentos.

***

Para comprovar essa verdade, acalme agora sua mente e reflita sobre suas crenças, hábitos, provérbios e sobre sua filosofia de vida e confronte com o que você é e tem atualmente: vai ter o melhor CLIC da sua vida.

***

PARA CONCLUIR SOBRE A FÉ: Pela fé, sua palavra ou oração transmite-lhe certeza irredutível. A fé não admite dúvidas, nem descrenças, nem hesitação, nem desinteresse, nem retorno, nem negativismo, nem medos e nem pessimismo. É sua palavra definida e definitiva. E ponto.

CAPÍTULO 7

A FORÇA DA IMAGINAÇÃO

A IMAGINAÇÃO É A PALAVRA MAIS PODEROSA.

Tome uma folha de papel e escreva a palavra CASA. Agora escreva o vocábulo CARRO. Não é preciso lhe dizer que a palavra casa suscitou na sua mente uma imagem e a palavra carro trouxe-lhe outra imagem. Cada palavra reproduz a imagem mental correspondente. Significa que, mesmo usando palavras, sempre pensamos em imagens.

***

ESCREVEU DAVID SCHWARTZ

"Não pensamos em palavras ou frases. Pensamos apenas em quadros ou imagens.

As palavras são a matéria-prima do pensamento. Quando faladas ou lidas, a mente as converte automaticamente em quadros mentais.

Cada palavra, cada frase, cria um quadro mental

ligeiramente diferente.

Exemplo: Jim comprou uma plaina.
Jim comprou uma casa de campo.

Os quadros são modificados pelas espécies de palavras que usamos para nomear e descrever as coisas".(A Magia de Pensar Grande).

***

Acontece que as palavras podem não passar ao subconsciente a mensagem exata do que você pretende. Palavras podem apresentar conteúdo confuso ou incorreto.

Além disso, mesmo que as palavras contenham a ideia exata daquilo que você quer, o tempo do verbo pode complicar tudo.

Se você não colocar o verbo de tal forma que expresse o acontecimento AQUI e AGORA, o subconsciente não saberá o que fazer, nem como e nem onde.

EXEMPLO: Se você mentalizar assim: "EU VOU SER RICO", nem eu nem seu subconsciente poderemos cumprir seu desejo, porque é impossível determinar, por essa afirmação, se você quer ser rico hoje, no mês que vem, daqui a dez anos ou quando se aposentar.

Se você disser "EU VOU TER MUITO DINHEIRO", também não se sabe o que significa MUITO DINHEIRO para você. Será dez mil dólares? Cem mil? Oito milhões? Cem milhões?

De mais a mais, o verbo não indica quando você

quer ter o valor mentalizado.

O subconsciente funciona quando você determina aqui e agora ou quando você fixa data. Sem esquecer o máximo de detalhes.

POIS BEM, QUANDO VOCÊ FAZ UM QUADRO MENTAL, ESTÁ COLOCANDO O SEU DESEJO PRONTO, DETERMINADO, CLARO, AQUI E AGORA. É QUANTO BASTA PARA A AÇÃO DO PODER REALIZADOR.

A visualização passa ao subconsciente a mensagem pronta, de tal forma que o subconsciente sabe o que fazer, como, onde e quando. Tratará de materializar o que já existe na mente. Essa é uma verdade ensinada pelos grandes sábios.

O maior sábio da bíblia antiga, o grande Salomão, disse: " Porque, como imaginou na sua alma, assim é". (Prov.23,7).

Jesus ensinava: "Crede que alcançareis tudo quanto pedirdes e ser-vos-á dado".

No momento em que você acreditar no recebimento, já estará visualizando a concretização do pedido. Faça a experiência e constatará.

Paracelsus, famoso médico, alquimista, poeta da Idade Média, escreveu, certa vez, sobre a imaginação: "O homem é um astro. Aquilo que ele imagina ser, é o que é. Ele é o que imagina...O homem é um sol e uma lua e um céu repleto de estrelas... Imaginação é poder criativo... As artes e as ciências são incertas porque o homem não usa sua imaginação de modo perfeito, embora, na realidade, sejam certas e, por meio da imaginação, possa trazer resultados verdadeiros. A imaginação está acima de tudo".

***

NÃO É PRECISO DIZER QUE A IMAGINAÇÃO É A MAIS DIVINA DAS QUALIDADES DO SER HUMANO, A QUE MAIS SE APROXIMA DE DEUS.

DIZ A BÍBLIA QUE DEUS IMAGINOU O MUNDO E O CRIOU. E DEPOIS DISSE DEUS:"FAÇAMOS O HOMEM À NOSSA IMAGEM E SEMELHANÇA".

MEDITE

O SER HUMANO FOI A CRIAÇÃO MAIS ALTA DA IMAGINAÇÃO DIVINA.

***

Acho interessante citar duas afirmações de U.S. Andersen:

"Qualquer imagem formada em nossa mente, se concretiza no mundo material. É algo que não podemos evitar".

"Todas as coisas chegam até nós de acordo com a imagem que formamos em nossa mente".(O Poder da Energia Mental).

COMO O SUBCONSCIENTE REAGE À IMAGEM

É bom saber que o subconsciente não distingue entre imagem e realidade. Apanha a imagem que lhe é passada e a transforma em realidade.

Não foi sem razão que Joseph Murphy escreveu: "Você se transforma naquilo que imagina ser".

Qualquer quadro mental que chega ao seu subconsciente, este faz o possível e o impossível para materializá-lo.

O mapa da mina é criar a imagem daquilo que você deseja, seja lá o que for, senti-la como se já fosse realidade, com o maior número de detalhes possível, e acreditar que assim é e assim será.

Acreditar na ação do subconsciente está se tornando, para você, cada vez mais simples e fácil.

Os que não estudam a ciência do Poder da Mente, acham, na maioria das vezes, que é tudo conversa para enriquecer os escritores de autoajuda, alegando que as afirmações são ingênuas, que a vida é feita de lutas e de fracassos, que nada acontece de mão beijada e outras tiradas que tais. São como um amigo meu que até hoje nega que o homem tenha pisado na lua.

O fato é que, para eles, acontece exatamente como pensam e isso os confirma cada vez mais na pseudoveracidade das suas teses.

Por que são tão convictos daquilo que afirmam? Porque sabem o que acontece na vida deles, mas não sabem porquê. Jamais estudaram a fundo a ciência do

Poder da Mente e sequer imaginam que ocorre com eles essas situações existenciais exatamente porque, assim como uma pessoa pensa, assim é. Se não tivessem olhos e ouvidos fechados nos seus dogmatismos, seria até fácil descobrirem a verdade.

Jesus dizia, com muita propriedade: "Tendo olhos, não veem, tendo ouvidos, não ouvem".

Lembro aqui a famosa afirmação do escritor George Bernard Shaw: "Todas as grandes verdades começam como blasfêmias".

Diz o título deste livro: Como usar o seu poder para qualquer coisa. Lembro uma afirmação de Richard Bach, em seu livro Ponte Para o Sempre: "Para trazer qualquer coisa à sua vida, imagine que já está lá".

Usar a imaginação é o grande segredo. Imagem e realidade são uma coisa só na mente subconsciente. E o subconsciente, nestas circunstâncias, faz da realidade mental, realidade física.

Aquelas pessoas que imaginam sempre o pior, vivem debaixo do mau tempo, não é verdade?

O QUADRO MENTAL

Se você quer construir uma casa, por exemplo, a melhor coisa que pode fazer é conseguir uma maquete ou desenho da mesma e colocá-lo diante de si, na sua mesa de trabalho ou local muito visto por você. Assim, estará visualizando forte e repetitivamente.

Quanto mais você visualizar uma imagem, mais ela

se fixará na mente subconsciente e mais próximo estará você da materialização.

O método de formar um quadro mental é usado praticamente por todos os que promovem cursos, palestras e jornadas sobre o Poder da Mente. Não é por nada que existe este velho ditado: Um quadro vale por mil palavras.

AS MARAVILHAS DA IMAGINAÇÃO

A imaginação é a fonte inesgotável de tudo que se cria na face da terra. É por ela que surgem os inventos, o progresso, a tecnologia, os avanços na eletrônica, nos sistemas de comunicação, assim por diante.

Thomas Alva Edison, o mais famoso inventor da história, dizia que não pensava em palavras, mas em imagens.

O cientista Albert Einstein afirmava que a imaginação é mais importante que o conhecimento.

***

PERGUNTAR NÃO OFENDE:
USA VOCÊ A IMAGINAÇÃO POSITIVA PARA VER SEUS PROJETOS MATERIALIZADOS?

***

AGORA ANALISE SUA AUTOIMAGEM

Vamos lá, que imagem você tem de si mesmo?

Pare um pouquinho a leitura e se analise: Como você se vê? Que ideia tem de si mesmo?

Talvez você tenha que reconhecer que não se considera lá grande coisa. Muita gente acha que o carro vale mais. Há os que arriscam a vida por uma garrafa de cachaça. Conheço gente que dá mais importância à opinião dos outros do que a si mesmo.

- Por que você está triste?
- O meu amigo me chamou de cabeça de bagre!
- Não se preocupe, ele não sabe o que diz.
- Sabe sim, ele olhou bem na minha cara!

Você não é o que dizem, você é o que pensa que é.

***

DIZ A BÍBLIA, NO LIVRO DOS PROVÉRBIOS: "Pois ele é tal qual seus pensamentos".

***

REPETINDO MAIS UMA VEZ O SÁBIO SALOMÃO: "Porque, assim como imaginou na sua alma, assim é"

***

Ninguém é pobre porque seja pobre, mas porque assim se imagina.

Posso tornar a citar Joseph Murphy? Pois ele escreveu:"Você se transforma naquilo que imagina ser".

Imaginar, meu amigo, minha amiga, é o grande lance.

Existem pessoas lindas que se classificam como feias. De nada vale para elas a beleza, porque cada qual é o que forem seus pensamentos e crenças.

Se você não gosta de si, é como aquele sujeito que se queixava de ser só e mal acompanhado.

Até mesmo a IDADE é ESTADO MENTAL. Imagine-se jovem, cheio de vida, em plena forma.

***

FAÇA ESTE TESTE: Imagine que você é o único sobrevivente de um naufrágio. Vive solitário numa ilha virgem, abandonada, desconhecida, fora do mapa. Está muito só e pede que Deus resolva seu problema.

De repente, Deus aparece e lhe diz: "Muito bem, ouvi seu pedido e vou fazer um clone de você mesmo".

Gostaria de viver com uma pessoa igualzinha a você, com as mesmas qualidades, defeitos, complicações, beleza, conhecimentos, temperamento, rompantes, depressões, alegrias, risos, mentalidade, ou suplica que Deus desista de tamanha desgraça?

CINCO MINUTOS PARA VOCÊ DECIDIR SE ACEITA OU NÃO.

FAÇA-SE SEGUNDO SUA VONTADE

É muito conveniente que agora você feche os olhos e faça um exercício de imaginação, vendo-se, no seu próprio espelho mental, aquela pessoa maravilhosa, com tais e tais qualidades, que você deseja ser.

Assim como você imagina, assim é e assim será.

Tudo tem solução.

CAPÍTULO 8

COMO USARÁ SEU PODER PARA A RIQUEZA

Quando se fala em riqueza, fala-se do mundo material.

Suas necessidades materiais são muitas, em todos os sentidos, não é mesmo? Vão desde uma escova de dentes a um apartamento, ou uma viagem aos Estados Unidos, ou então uma máquina industrial, quem sabe um carro, ou uma fazenda cheia de gado, e por aí afora.

O QUE É MESMO QUE VOCÊ QUER?

Vamos supor que você projetou uma viagem a Paris, mas, de momento, não tem dinheiro. Se continua pensando que não tem dinheiro, (você diz que é a sua realidade), é claro que o poder funcionará para não ter dinheiro e para não fazer a viagem. Assim como você pensa, assim será.

Há pessoas que concluem que não existe Poder da Mente porque já mentalizaram uma casa e, até agora, nada. Ora, quem nada é peixe, diziam para mim, na minha infância. Se você acredita que não tem condições de possuir uma casa, o subconsciente cumprirá religiosamente o conteúdo do seu pensamento. Neste caso, você está mandando duas mensagens para o subconsciente. Primeira: EU QUERO UMA CASA. Segunda: NÃO TENHO POSSIBILIDADE DE TER CASA. Em qual das duas você acredita? Sem dúvida, na afirmação de que não tem possibilidade de adquirir casa. Pois o Poder se manifestará cumprindo essa palavra.

Um dia, um senhor devolveu-me, irritado, o livro O Poder Infinito da Sua Mente. Dizia ele: "Mentalizei o carro dos meus sonhos e não consegui. Não consigo coisa nenhuma e essa história de Poder da Mente não funciona".

Onde houve a falha? No livro ou naquele homem?

Seja você o detetive e saia à caça do erro. Dou-lhe dez minutos para tanto.

O CAMINHO DA CONCRETIZAÇÃO MATERIAL

Sei que você tem uma lista de diversos bens materiais que almeja possuir. Com isso, já deu o primeiro passo para chegar ao objetivo: saber o que quer.

SABE VOCÊ REALMENTE O QUE QUER?

Muita gente se queixa, mas não pede nada. O nada produz o nada.

Muitos reclamam que não têm dinheiro, mas não mentalizam coisa nenhuma, a não ser bolso furado e carteira vazia. Se você pensa em bolso furado, aumentará o tamanho do furo.

Um contingente enorme de pessoas berra contra o

desemprego e pensa que é o governo quem deve dar emprego. Se o governo não der trabalho, não terão, porque, assim como cada um pensa, assim será. Se você não mentalizar o trabalho que pretende e gosta, como quererá que o Poder Interior funcione? O Poder não funciona se não tem sobre o que funcionar.

Jesus já ensinava que o receber depende do pedir. Se não existe o pedir, não existirá o receber. É óbvio.

Não é da competência do seu subconsciente adivinhar o que você quer. Sua FUNÇÃO é EXECUTAR AS ORDENS QUE RECEBE.

Ainda que mal comparando, se você não diz ao Banco que quer retirar cem mil dólares, como o funcionário saberá que você quer cem mil dólares?

Quando eu meti na cabeça que queria construir a sede da Editora da Mente, primeiro mentalizei um terreno na mesma rua em que trabalhava. Um funcionário meu foi bater num chalé a ver se queriam vender o terreno. A senhora da moradia ao lado abriu a janela e avisou que o vizinho não estava em casa. Sabedora do assunto, exclamou: “Eu quero vender minha casa e terreno”. Saiu o negócio. Mandei fazer o desenho do prédio que eu queria para sede das minhas atividades e passei a vê-lo e mentalizá-lo todos os dias.

Uma vez, um senhor viu o lindo projeto sobre minha mesa e perguntou:

- O que vai sair aí?

- A sede do meu trabalho.

O homem estava admirado:

- Que obra grandiosa! Como é que o senhor conseguirá realizá-la?

Respondi-lhe, brincando:

- Eu sigo o sistema do maior economista do mundo, um tal de Jesus Cristo, que disse que a fé remove montanhas.

O homem sorriu e não perguntou mais nada, não sei se me achou muito crédulo ou se percebeu a profundidade da resposta.

Dois anos depois, estava construído, mobiliado e pronto o Palácio da Mente, com seis pisos, sendo que o segundo e terceiro correspondem ao Teatro Santa Maria.

Eu sempre digo que pensar é poder. Pode quem pensa que pode.

Walt Disney dizia: "Se você pode sonhar, você pode realizar".

Shakespeare afirmava: "Todas as coisas estão prontas quando a mente o está".

***

RECORDE: A REALIZAÇÃO SUCEDE AO PENSAMENTO, AO SONHO, AO DESEJO.

O RECEBER SUCEDE AO PEDIR. É A LEI.

***

Antes de tudo, saiba o que quer.

Repito mais uma vez, e tantas quantas forem necessárias, que a palavra antecede ao ato e ao fato.

Só alcança quem pede.

Nem um milhão de queixas têm o peso de uma única palavra que expresse o que você quer.

Ao invés de perder tempo em esbravejamentos, concentre-se em determinar o que pretende.

***

SERÁ QUE VOCÊ JÁ SE DEU CONTA DE QUE O PODER NÃO FUNCIONA SE NÃO TEM SOBRE O QUE FUNCIONAR?

Este filme você já viu diversas vezes, não é mesmo?

***

Se você não sabe para onde vai, não chegará a lugar nenhum.

Tudo que você tem na sua casa, lá está porque alguém um dia pensou.

Antes de você ter aquele fogão, pensou-o.

Mais outra consideração: ponha clareza na imaginação daquilo que você deseja possuir.

Se almeja um carro, por exemplo, defina a marca, o ano de fabricação, a cor, o modelo e os recursos do mesmo. Vá a uma agência e peça um prospecto que lhe ofereça a figura precisa do veículo ambicionado. Ponha essa figura em local onde possa ver várias vezes por dia. Imagine-se dono do carro, todinho pago. Veja-se dirigindo, estacionando, os amigos felicitando-o. Ponha detalhes.

Mas, não basta saber o que quer: é preciso também ACREDITAR que vai alcançar.

ACREDITE QUE VAI CONSEGUIR, ISSO É FUNDAMENTAL.

Feche a relação entre a imagem e a realidade, funda-as numa única unidade, para que não haja brecha por onde possam penetrar medos, descrenças, impossibilidades e negativismos. Não conte nada para aqueles que irão caçoar da sua ambição, pois poderão abater sua fé.

Pode ter certeza de que muitos dos que hoje possuem automóvel, estavam em situação econômica pior do que a sua.

Crie convicção total e absoluta.

Convença-se de que assim é e assim será. Na verdade, não existe outro caminho.

Quando eu era estudante, via colegas viajarem para a Europa e pensava: Eu também farei viagens ao velho mundo, tenho certeza. Já fiz mais de vinte, até o dia de hoje.

A certeza é a coluna básica da realização.

A coisa mais simples pode tornar-se impossível se você entende que não vai conseguir.

Gosto de citar esta frase de Walter Germain: "Você só faz o que pensa que pode fazer e consegue o que pensa que pode conseguir".(O Mágico Poder Mental).

O QUE ACREDITA, RECEBE IMPULSO VITAL EQUIVALENTE AO TAMANHO DA SUA CRENÇA.

***

Só conseguiram riquezas os que acreditaram que as alcançariam.

Só tiveram carro e casa os que acreditaram que teriam carro e casa.

Só tiveram loja ou indústria, ou quantia xis de dinheiro, os que criaram essa realidade mental e não duvidaram em seu coração.

Se você acha que pode, pode.

Se acha que não pode, não pode.

A cada um será dado de acordo com seu pensamento.

O indivíduo que pensa que não tem possibilidade de ter casa própria, por exemplo, não dará um passo sequer nesta direção.

HÁ MOTIVOS FORTES E SÉRIOS PARA VOCÊ ACREDITAR QUE ATINGIRÁ SEUS OBJETIVOS.

Começo citando o apóstolo João: "Ora, sabendo que (Deus) atende aos nossos pedidos, sabemos que receberemos o que pedimos".

Jesus sempre assegurou que "tudo o que pedirdes, com fé, alcançareis".

É bom relembrar que a fé, sendo fé, sempre produz as obras, diz a bíblia. E a ciência do Poder da Mente confirma.

Olhe para si e veja quantas coisas impossíveis você já derrotou.

Olhe ao seu redor e perceba que seus vizinhos e amigos estão cheios de impossíveis suplantados.

O impossível, na história da humanidade, é sempre derrotado pelo tempo. Concorda?

***

JÁ PASSARAM OS DEZ MINUTOS QUE COMBINAMOS NO CAPÍTULO 3?

Vamos reportar-nos ao caso daquele homem que me devolveu o livro O Poder Infinito da Sua Mente, alegando que não tinha conseguido coisa nenhuma e que o Poder da Mente não funciona.

A falha era do livro ou dele?

Claro que ele falhou redondamente. Primeiro, porque o Poder da Mente atua em resposta ao pensamento e o pensamento do homem era que "não conseguia coisa nenhuma e que o Poder da Mente não funciona". O Poder da Mente funcionou corretamente fazendo com que ele não conseguisse coisa nenhuma. Entendeu?

A mente subconsciente não discute ordens, cumpre-as, por mais disparatadas que sejam. O caminhão é feito para andar, mas se você entende que ele não anda e nada fizer para que ande, não andará.

O que deve fazer aquele homem? Mentalizar o seu carro com fé e determinação, acreditando que assim é, assim será, e não pode deixar de ser.

Como escreveu Andersen: "Nós nem sequer somos capazes de evitar que nossos pensamentos e nossas crenças se tornem realidade em nossa vida". Já citei esta frase, está lembrado?

O mundo material nada mais é do que a materialização do mundo mental.

Você já deve ter somado experiências em que conseguiu realizar intentos materiais que os considerava deveras difíceis. Se tivesse desistido da ideia, com certeza não teria obtido.

Acreditar na concretização do projeto é mantê-lo vivo, firme, forte, irredutível.

Toda meta já realizada na mente, materializa-se. Então, persista. Mesmo que não veja como possa concretizar-se no momento, persista na fé. O Poder e a Sabedoria têm caminhos que a inteligência desconhece.

Os teimosos conseguem.

Os que não desistem, chegam lá.

DESAFIE OS IMPOSSÍVEIS

Toda vez que você estabelece metas ou define prioridades, com certeza uma vozinha chata e maligna tentará interpor mil e uma dificuldades. Se você der ouvidos a essa voz, sua situação estará mais para urubu do que para colibri.

Tem mais: se dentro de você tudo estiver de acordo, não faltará algum amigo da onça que envidará os piores esforços para que você deponha as armas e desista.

Aparecerão impossíveis de todos os tamanhos e feitios, para todos os gostos e desgostos. Mas eles não passam de exércitos de moinhos de vento.

Quando você estiver a ponto de capitular diante de argumentos poderosos, alinhados por seus sapientíssimos conselheiros, coloque num prato da balança o peso dos contra e no outro o peso do seu desejo e da sua vontade de alcançar o objetivo.

Lembre-se que você não é menos do que ninguém.

Pergunte-se por que deve submeter-se ao critério dos que nada têm a ganhar e nem a perder.

Se todas as pessoas idealistas tivessem cedido às pressões e ponderações dos palpiteiros, nada de importante teria acontecido em nosso lindo e maravilhoso planeta.

A maior parte das invenções e descobertas aconteceram apesar dos maus agouros.

Quem espera, sempre alcança – já pontificara o apóstolo Paulo.

O grande Mestre, em sua sabedoria infinita, ensinou que tudo é possível àquele que crê. Tudo. Prestou bem atenção? Ele disse que TUDO É POSSÍVEL ÀQUELE QUE CRÊ.

Se existir fé de verdade, acontecerá o sucesso.

***

Apenas para lembrar: Sucesso é objetivo positivo alcançado por meios positivos no tempo oportuno.

***

PARA QUEM PERSISTE, O TEMPO SEMPRE DERROTARÁ QUALQUER IMPOSSÍVEL.

***

O SEGREDO DO SUCESSO

Qual é a condição mais propícia para você chegar ao objetivo?

A primeira condição essencial é acreditar que você vai chegar lá.

Se você não acredita que conseguirá seu objetivo material, significa que desistiu de alcançar a meta almejada. Neste caso, nada feito. É isto que acontece quando as pessoas alegam que o Poder da Mente não funciona.

Preste bem atenção e você perceberá que o Poder da Mente sempre funciona em resposta ao PENSAMENTO ACREDITADO, seja o que expressa seu desejo como o que expressa seu pensamento contrário ao desejo.

***

LEMBRE UMA VEZ MAIS:
FÉ É CRER FIRMEMENTE NA REALIZAÇÃO

DA SUA PALAVRA.

Vale a pena repetir a definição de fé dada pelo apóstolo Paulo:

"A FÉ CONSISTE NA FIRME CONFIANÇA DAQUILO QUE SE ESPERA E NA CONVICÇÃO DAQUILO QUE NÃO SE VÊ.".

***

UM DETALHE IMPORTANTE PARA CHEGAR AO SUCESSO

A receita infalível do sucesso é GOSTAR DAQUILO QUE VOCÊ FAZ E DO OBJETIVO PRETENDIDO.

Quando você gosta daquilo que faz, o trabalho deixa de ser trabalho e torna-se divertimento.

Divertimento produz bem-estar, libera endorfina, causa prazer, não estressa. Para quem gosta do que faz, o tempo não conta mais. Poderá ficar horas e horas dedicado ao assunto sem se aperceber do tempo.

O que acontece quando você investe tempo sem fim na sua atividade? Produz mais, cada vez mais perfeitamente, com mais conhecimentos e com melhores resultados, pelo preço mais barato. Eis aí a fórmula do sucesso.

Quando você gosta do que faz, adora desafios e se diverte para achar a solução dos impasses.

Quando você gosta do que faz, não se preocupa

com a demora de dividendos e não fica tomado de preocupações e ansiedades.

Quem gosta, persiste. Ora, é sabido que persistência e determinação formam o dueto do sucesso e da prosperidade.

Só os que resistem sobrepujarão os impossíveis que tentam barrar o caminho. Quem gosta, resiste.

Em última análise, fazer o que gosta é um jeito de amar-se, valorizar-se e dar primazia a si. E isso traz, como decorrência, o sucesso.

***

FAÇA UM TESTE A VER SE GOSTA DO SEU TRABALHO.

PRIMEIRO TESTE:

Se você ganhasse hoje, na loteria, 15 milhões de dólares, continuaria na mesma atividade, embora com mais recursos, ou partiria para outra coisa completamente diferente, que sempre quis fazer?

Pausa para refletir.

***

SEGUNDO TESTE:

Se lhe oferecessem um emprego, com salário 50% superior, deixaria o trabalho que está realizando, para ganhar mais?

Pense e responda a si mesmo.

AGORA ANALISE O RESULTADO:

No primeiro caso, se você gosta do que faz, continuará dedicado ao mesmo trabalho, por certo com melhores condições, mas a atividade seria a mesma. Se não titubeasse em mudar imediatamente de serviço, é porque não gosta dele. Quando uma pessoa trabalha no que gosta, não trabalha, se diverte, já foi dito.

No segundo item, se você tem prazer no que está fazendo, não trocará de atividade por causa de um pouco mais de dinheiro.

Trabalhar no que detesta, ou contra a vontade, só por causa da remuneração que tal serviço lhe proporciona, trará mais prejuízos financeiros do que vantagens.

Por quê?

Quando você nada contra a correnteza, gastará mais energias, estressar-se-á com facilidade, correrá risco iminente de depressão e, com o enfraquecimento do sistema imunológico, gastará bom dinheiro em tratamento de saúde.

A vida parecerá sem sentido e, a cada amanhecer, você acordará com a sensação de ir para o matadouro. Vida sem graça. Cada dia um peso a ser suportado. O desgaste da saúde sairá bastante caro, talvez engolindo os 50% a mais que lhe ofereceram.

Seu mau humor trará dificuldades de relacionamento e seu prestígio cairá quase verticalmente.

Você, que está nesta situação e teima que deve topar tudo por dinheiro, examine agora como está o ambiente na sua família. Será que você não é muito irritadiço, nervoso, impaciente, insatisfeito e inquieto? Neste caso, está trocando a felicidade da vida, o companheirismo do casamento e o bom entendimento na família, por 50% do salário. É bom negócio?

Pior ainda se você já é daqueles que necessitam de comprimidos para dormir, comprimidos para acordar, comprimidos para ter ânimo, comprimidos para enfrentar a vida, comprimidos para trabalhar e comprimidos para levantar o astral. Passou a ser membro honorário e benemérito do Clube dos Comprimidos, com direito a um chazinho diário de folhas de apatia e desanimol.

No fritar dos ovos, como diz o gaúcho, chegará à conclusão de que não vale a pena trocar a saúde e a alegria de viver por certa quantia de dinheiro.

Sei que você poderá argumentar que isso é só por certo tempo, até que consiga uma soma razoável de dinheiro, então deixará este tipo de trabalho e escolherá o dos seus sonhos.

Respeitável argumento, mas pergunto: Quanto tempo vai durar esta situação? Vale a pena deixar de viver a vida agora – que é o único momento que existe - para esperar por aquele dia que você não sabe certo se virá? E se tiver que ir para o andar de cima daqui a uns meses ou no ano que vem?

***

VAMOS AQUI FAZER UM EXERCÍCIO DE IMAGINAÇÃO: suponha que você está nas últimas, para morrer, e neste momento esteja repassando sua vida. Estaria satisfeito com as prioridades que estabeleceu para si até este instante ou teria agido de forma completamente diversa? Estaria sentido por não ter ganho mais dinheiro ou por não ter usufruído mais a vida?

Feche os olhos e reflita um pouquinho.

***

É possível que você não tenha apreciado o raciocínio acima e me chame de catastrofista e pessimista.

Sabe qual é a diferença entre o otimista e o pessimista? - O otimista diz que a vida é maravilhosa; o pessimista teme que isto seja verdade.

Entendo que você gosta do dinheiro, afinal ele lhe traz dividendos, poupança, juros, compras e tal e tal.

Eu também aprecio o dinheiro, pois ele permite trocá-lo por roupas, casa, conforto, carro, viagens, livros, passeios, divertimentos, prazeres, remédios, higiene, turismo, tecnologia, máquinas, alimentos, assim por diante. Mas, jamais desmantelaria a vida, a saúde e a família para adquirir dinheiro, pois, neste caso, teria de gastá-lo em remédios, cirurgias, enfermidades, insônias, nervosismo, estresses, depressão e outras consequências.

Quando você trabalha contrariado, detestando o que faz, repudiando o ambiente onde desempenha a atividade, o dinheiro que você ganha será gasto em recompor a saúde. Vale a pena? E as alegrias da vida onde é que ficam?

Diz um velho ditado que vale mais um gosto do que um vintém. Concorda?

Não quero que você diga amém a tudo o que escrevo, mas desejo que pondere os prós e contra referentes ao seu modo de pensar e tome a decisão acertada para a vida, tendo em vista a ordem de valores segundo as prioridades fundamentais da existência.

É claro que, se você está morrendo de fome, qualquer trabalho lhe cai bem. Mas isto é apenas ponto de partida. Em seguida, medite sobre o que gosta de fazer e comece a fazê-lo, nem que seja no porão de sua casa, nas horas de folga, porque aí está sua vida e seu futuro.

Uma boa estratégia é segurar-se nessa atividade em que está até conseguir encontrar o seu lugar certo.

Jesus já alertava para esse conflito, quando disse: "De que vale o homem ganhar o mundo inteiro se vier a perder a sua vida?" Quer dizer, de que vale ganhar muito e muito, acumular bens terrenos, se, com isso, perder a saúde, a alegria de viver, o amor, a paz, a felicidade?

O Mestre alertou para o fundamental: "Vim para que tenhais vida e vida em abundância".

Lembre-se que o caixão não tem gavetas. Significa que você não levará seus tesouros materiais para o outro lado.

O mundo exterior está aí para você servir-se dele e não para servi-lo, como faz tanta gente. Reconhecer essa diferença é sabedoria.

O dinheiro não faz ninguém feliz e nem infeliz.

O dinheiro é neutro. Ele fará o que você determinar que ele faça.

Você não é o dinheiro que ganha, mas o que pensa. Seu pensamento faz a realidade da sua vida.

O DINHEIRO É O QUE VOCÊ PENSA

Não sou contra o dinheiro, pois ele é o sistema universal que me ajuda a ser, ter e realizar o que desejo ser, ter e realizar na vida.

O dinheiro é uma forma de troca vigente entre as pessoas e os países.

Quanto mais dinheiro você tiver, teoricamente mais condições terá de realizar seus projetos e ideais.

Mas, entenda que o dinheiro não faz a vida de ninguém. O dinheiro é importante para que você faça a vida que VOCÊ ambiciona.

O dinheiro tem a função de ajudá-lo a fazer a vida que você quer.

Em si mesmo, dinheiro nada mais é que pedaço de papel com traços coloridos. Vale pelo que as pessoas pensam que ele vale.

O dinheiro tem o valor que você lhe der. Vale o que VOCÊ DETERMINA que ele valha.

Para uns, dinheiro é tudo. Vivem em função dele, rendem-se a ele, sacrificam-se por ele, deterioram a vida por ele, matam por ele, roubam por ele, desfazem casamentos e amizades por ele, adoecem por ele, não dormem por ele, suicidam-se por ele. Não existe atitude mais idiota.

Para outros, dinheiro é coisa do diabo, fonte de maldades, desgraça da humanidade, infelicidade do mundo, destruição da família. Outra idiotice. Você já viu o dinheiro sair correndo do seu bolso, atravessar a esquina, espancar um transeunte, entrar numa loja e matar o proprietário, depois chegar em casa e agredir a esposa e os filhos?!

Agora, por certo, você concorda que dinheiro é simplesmente o que você pensa que ele é.

Existe muita ideologia a respeito do dinheiro, mas aquele que diz que o dinheiro compra tudo, com certeza nunca teve dinheiro.

Concluindo, o dinheiro é um meio disponível que lhe permite adquirir o que você deseja adquirir. Sua função é dada pela mente de cada pessoa.

Se você pretende adquirir dinheiro de qualquer maneira, colocando-o acima de você e da vida, os resultados serão nefastos.

Se você busca tanto dinheiro quanto puder afim de que o ajude a ser e ter o que deseja, os resultados serão benfazejos.

O dinheiro não é nem ruim e nem bom. Não empobrece e nem enriquece. Não faz ninguém feliz e nem infeliz. É o que dele você fizer. E você o fará conforme seu pensamento e sua crença.

***

UM TESTE PARA VOCÊ: Imagine-se um náufrago solitário, numa ilha deserta. Passam-se os dias e você sozinho no mundo. Então, pede a Deus que solucione sua situação.

Deus lhe diz - " Ouvi suas preces. Vou dar-lhe o poder de alcançar apenas um desejo. Note bem, você poderá fazer só um pedido, seja o que for, mas somente um pedido".

Pronto, agora é com você. Será que vai pedir cem milhões de dólares?

Pausa para meditação.

***

Tempos atrás, recebi uma carta de um senhor contando que ganhara trezentos mil dólares na loteria. Disse ele que foi sorte e desgraça ao mesmo tempo, porque o dinheiro complicou demais sua vida. Tentou diversos negócios que não deram certo. Foi perdendo dinheiro em cada empreendimento, pela impaciência de querer lucros imediatos e pela inexperiência no ramo. E isso gerou crise no casamento e depressão no ex-felizardo ganhador.

Não vá você concluir apressada e equivocadamente que o dinheiro não presta, mas apenas que ele é o que dele fizerem seus usuários.

RELAÇÃ0 ENTRE TRABALHO, EMPREGO E RIQUEZA

TRABALHO é toda a ação que você realiza, seja mental, material, física ou espiritual.

Há trabalhos gratuitos, espontâneos, remunerados, benéficos, maléficos.

Há trabalho bruto e trabalho especializado.

Trabalho, portanto, não é necessariamente sinônimo de dinheiro. Há pessoas que trabalham de graça e pessoas que não recebem a paga estipulada e merecida. Há também indivíduos que trabalham muito e ganham pouco e outros que trabalham pouco e ganham muito.

Os trabalhos mais essenciais da vida humana são gratuitos e espontâneos, como respirar, batimentos do coração, digestão e demais funcionamentos dos órgãos. Você, por exemplo, respira 23.000 vezes por dia. Seu coração pulsa diariamente cerca de 115.200 vezes. Belo e importante trabalho, mas não vem ao caso.

A FINALIDADE ESSENCIAL DO TRABALHO está na bíblia: depois de criar o ser humano, à sua imagem e semelhança, dotado de poder criador e sabedoria, Deus descansou. Deus não descansa. Se cansasse e descansasse, não seria Deus. Trata-se de linguagem parabólica, querendo significar que daí para frente Deus não criaria mais nada, porque determinou essa função criadora ao ser humano.

Diz a bíblia que Deus criou o homem para presidir a obra da criação e dominar em toda terra.

Eis a finalidade do trabalho: prosseguir a obra da criação e construção do mundo. Para tanto, Deus deu ao homem poder e sabedoria.

Contemple agora a imensa obra criadora que a humanidade realizou até aqui. Fantástica!

A conclusão óbvia é que o trabalho é função vital e não apenas meio para o enriquecimento. Se assim fosse, alcançada a riqueza o homem estaria dispensado de trabalhar. Mas não é assim. Seja rico ou pobre, a missão humana é continuar criando um mundo cada vez melhor.

Para a grande parte das pessoas, no entanto, o trabalho é a única fonte de dinheiro. Isso ocorre por desconhecerem que o trabalho constrói, mas a mente é que enriquece. Existiram grandes inventores, criadores, transformadores do mundo, que morreram pobremente, por não saberem que riqueza é estado mental.

Seja qual for sua situação financeira e econômica, trabalhe. Realize seus dons e ideais. Dê a sua contribuição para tornar a vida mais digna e mais abundante. Se você não realizar seu projeto de vida, ninguém o fará por você e o mundo se tornará inferior.

EMPREGO é um tipo de trabalho que depende da determinação e orientação daquele que lhe paga o salário estipulado.

Há muita gente que não quer trabalho, quer apenas emprego.

Tem aquela anedota do sujeito que foi pedir emprego numa firma.

O secretário falou ao diretor:

- Tem um homem aí pedindo emprego.
- O que ele sabe fazer? – indagou o diretor.
- Nada – respondeu o secretário.
- Então, diga-lhe que não temos piscina.

Há inúmeras pessoas que pagam salário condizente e outras que cometem injustiça.

Emprego é uma das maneiras pela qual você exerce a sua parte na construção de um mundo melhor.

Mas, emprego não é necessariamente paradigma de riqueza.

RIQUEZA É ESTADO MENTAL

O mundo que você cria na mente é o mundo que se expressa na realidade.

Seu poder criador e enriquecedor é exercido deliberadamente pela mente.

Poderia até repetir aqui a lei do pedido e recebimento, revelada por Jesus.

A cada um será dado de acordo com os padrões de pensamentos e crenças e não obrigatoriamente de acordo com o tamanho do trabalho.

Gosto de repetir esta frase de James Allen: "Tudo quanto o homem consegue e tudo quanto deixa de conseguir, é resultado direto de seus pensamentos e crenças".

Só há um caminho para a riqueza: a mente criadora de riqueza.

RELEMBRE: O TRABALHO CONSTRÓI, A MENTE ENRIQUECE.

Jamais enriquecerá quem carrega pobreza e privações na mente.

A grande parte da humanidade é pobre porque desconhece o caminho da riqueza. Acha que só existe o toma lá e dá cá. Quando não consegue emprego, ou o salário for insuficiente, mergulham no oceano dos famintos e sofredores. E concluem erroneamente que o mundo é injusto e que a vida é uma desgraça necessária.

Cada um tem a pobreza que criar na mente.

Cada qual tem a riqueza que estipular na mente.

O mundo material é apenas a materialização do mundo mental.

Diga-me com que pensamentos você anda e eu lhe direi qual é o tamanho da sua fortuna.

Trata-se da lei de causa e efeito.

Não existe injustiça no mundo, existe ignorância das leis universais, criadas por Deus, que regem sabiamente a humanidade e o universo.

Conhecer os princípios universais e aplicá-los, aí está a redenção da humanidade.

***

CRENÇAS RELIGIOSAS E IDEOLÓGICAS QUE PREGAM A POBREZA AO POVO, PRESTAM GRAVE DESSERVIÇO À HUMANIDADE. Concorda?

CRENÇAS E IDEOLOGIAS QUE APREGOAM

LUTA DE CLASSE E CONFLITOS ARMADOS POR CAUSA DE DINHEIRO, DEMONSTRAM IGNORÂNCIA, PORQUE A CADA UM SERÁ DADO DE ACORDO COM SEUS PENSAMENTOS E CRENÇAS.

A SOLUÇÃO NÃO É JOGAR UM CONTRA O OUTRO E NEM MUITOS CONTRA MUITOS; TAMBÉM NÃO É INSUFLAR OS QUE NÃO TÊM CONTRA OS QUE TÊM, MAS ENSINAR O VERDADEIRO CAMINHO DA RIQUEZA.

VAMOS REPETIR? – O MUNDO QUE VOCÊ CRIA NA MENTE É O MUNDO QUE SE EXPRESSA MATERIALMENTE. A CADA UM É DADO DE ACORDO COM SEUS PENSAMENTOS E CRENÇAS. DEUS NÃO PODERIA TER CRIADO ALGO MAIS SIMPLES E FÁCIL PARA O BEM DA HUMANIDADE.

***

Uma pergunta: Como criar riqueza vivendo numa população massacrada por um tirano?

Uma resposta: Cada governante tem o poder que os cidadãos lhe derem. Imagine se, a partir de amanhã, às nove horas, nenhum brasileiro resolvesse obedecer ao Presidente? Iria ele então reclamar na televisão, nos jornais, gritar nas esquinas, alertar as Forças Armadas, o Judiciário, a Assembleia... e ninguém dando a mínima...

Cada governante tem o poder que lhe for dado. O presidente não é governo, está governo. O governante é apenas assistente de cada indivíduo que lá o colocou e, pela lógica, deveria consultar os cidadãos sobre as decisões que dizem respeito a eles.

Só existe o problema porque existe a solução.

Mas, antes de tudo, olhe para si mesmo e determine quais os bens materiais e dinheiro que deseja a curto, médio e longo prazo. Acredite que assim é e assim será.

AS LEIS UNIVERSAIS

Pouca gente sabe que a humanidade e o universo se regem por LEIS UNIVERSAIS. Estas foram ditadas pelo Infinito, por isto são justas, equânimes, perfeitas, amorosas, simples, fáceis, benéficas, corretas, infalíveis, indispensáveis e sempre favoráveis a todas as criaturas humanas.

É essencial saber que essas LEIS não ficam suspensas quando as pessoas as ignoram, ou não as aceitam, ou querem burlá-las.

As LEIS UNIVERSAIS sempre se autocumprem, independentemente se a pessoa as conhece ou não.

O grande salto da nova humanidade acontecerá quando se der o conhecimento dessa estupenda e revolucionária Verdade.

Assim como você sabe que as leis universais da química, da física, da eletrônica sempre se autocumprem quando colocadas as premissas corretamente, da mesma maneira as LEIS UNIVERSAIS QUE REGEM A VIDA HUMANA SEMPRE SE AUTOCUMPREM. Este conhecimento produzirá a grande reviravolta na caminhada humana.

A LEI DA RIQUEZA E DA PROSPERIDADE

Pois bem, existe a LEI UNIVERSAL DA PROSPERIDADE E DA RIQUEZA, que se expressa da seguinte maneira:

ASSIM COMO É O MUNDO MENTAL, ASSIM É E SERÁ O MUNDO MATERIAL.

Por outras palavras, o mundo material é tão-somente a materialização do mundo mental.

Como só você tem acesso à sua mente, só você fará o tamanho da sua riqueza ou da sua pobreza.

Você, portanto, TEM o que pensa e crê.

Pobreza ou riqueza não têm nada a ver com azar, sorte, acaso, roubo, corrupção, privilégio: Tudo é resultado da Lei da Prosperidade. Ou, se quiser, é resultado justo da LEI DE CAUSA E EFEITO.

FICA AQUI, MAIS UMA VEZ, A VERDADE DE QUE NÃO EXISTE INJUSTIÇA NO MUNDO, MAS IGNORÂNCIA. ESTA É A RAINHA DO MAL E DAS DISPARIDADES E SOFRIMENTOS.

Afaste definitivamente de si todas as crenças e preconceitos a respeito de pobreza, privações, fome, miséria, dependência, incapacidade, exploração, corrupção, roubo, assaltos, sequestros, falcatruas, extorsões, enganações, porque O DESCAMINHO NÃO LEVARÁ AO CAMINHO, O MAL NUNCA PODERÁ PRODU-

ZIR O BEM, O ERRADO JAMAIS SERÁ O CERTO.

Lembre-se do Mestre: "A árvore má jamais produzirá frutos bons".

***

REFLITA: Só existe um Caminho, só existe uma Porta, só existe uma Verdade, só existem as Leis Universais.

O resto é descaminho. Assim como você sabe que o ódio não produz o amor, saberá também que a crença na pobreza não produzirá riqueza.

Diz a bíblia: "Pois ele é tal qual seus pensamentos". Está lembrado?

Se quiser fazer a experiência, à moda são-tomé, fique à vontade.

Pela via empírica também pode-se chegar ao conhecimento.

CAPÍTULO 9

COMO USARÁ SEU PODER CONTRA QUALQUER MAL

Inúmeras pessoas vivem sob a pressão do MEDO DE FORÇAS MISTERIOSAS NEGATIVAS E DESTRUTIVAS.

Acreditam que alguém está usando energias estranhas e malignas para lhes fazer mal.

Uns dizem que mandaram fazer despacho para prejudicá-los; outros, que foram enterrar sua fotografia no cemitério e agora as coisas vão de mal a pior; também há os que pensam que certos invejosos e interesseiros estão frequentando feiticeiros e macumbeiros para desfazer seu casamento, destruir sua profissão, desmantelar seu negócio, perder dinheiro, brigar com namorado, arruinar a saúde, coisas que tais.

Conheço indivíduos tão grilados e perturbados, que afirmam de pés juntos que há espionagem dentro da própria cabeça, com o macabro intuito de vasculhar seus pensamentos e atormentá-los.

E aqueles que acham que espíritos inferiores do outro mundo estão infernizando a vida deles?

Há também os que se deixam levar pela sugestão e se imaginam possuídos pelo diabo. Sem deixar fora os que se consideram invadidos por espíritos desencarnados.

Quem acredita nessas coisas, vive em sobressaltos. Desconfia até da sombra. E a vida se torna um inferno.

Não raro, acontece o que temeram, o que deixa essas pessoas mais crédulas ainda.

POR QUE ACONTECE O QUE TEMERAM?

A ciência do Poder da Mente é clara:

"O mundo que se cria na mente, seja macabro ou maravilhoso, desejado ou temido, bom ou mau, se materializa".

O fundamento científico de que todo pensamento, benéfico ou maléfico, se realiza, está na força criadora da crença.

Qualquer pensamento ACREDITADO É UNÍVOCO e todo pensamento unívoco sempre se CONCRETIZA.

A força de qualquer pensamento está na crença da sua ação realizadora.

O que você acredita que acontecerá, acontecerá.

- Mas – dirá você – a ideia não é minha; eu não quero que aconteça a macumba em mim e na minha vida; eu não quero o mau olhado e até faço de tudo para que não aconteça.

Você acredita em despachos, trabalhos, macumbas,

mau olhado?

Se acredita, está informando ao seu subconsciente que isso é uma verdade para você. Como tudo o que o subconsciente aceita como verdade, executa, aí está a razão porque a macumba, o mau olhado, a feitiçaria, acontecerão. Mas – note bem – as coisas não ocorrem pelo poder do macumbeiro ou de eventual inimigo, mas pelo poder do seu próprio pensamento.

O pensamento acreditado cria aquilo que pensa.

Escreveu Eliphas Levi: "O pensamento humano cria aquilo que pensa". Está lembrado de que já falei sobre isso?

Também é importante reforçar que o subconsciente não seleciona pensamentos e nem crenças. Sua função é executar.

Pertence a você aprender e decidir-se a pensar somente o bem, desejar o bem, acreditar no bem e produzir o bem, tanto para si quanto para os outros.

Na ordem do universo, todos nós, os seres humanos, somos um, de tal forma que o bem e o mal que deseja para os outros, acontecem, em primeiro lugar, em você.

NINGUÉM TEM MAIS PODER SOBRE VOCÊ DO QUE VOCÊ

Você tem poder infinito sobre si mesmo. Pedro tem poder infinito sobre ele. O feiticeiro tem poder infinito sobre ele.

O poder é infinito quando da pessoa para a própria pessoa.

MAS, PRESTE ATENÇÃO: o seu poder, que é infinito para você, em relação a outra pessoa termina onde começa o poder dela sobre ela mesma.

CONCLUSÃO: Ninguém tem poder sobre você. Você é o único poder possível sobre si mesmo.

Se isso não fosse verdade, você não seria autor da sua própria vida, consequentemente não seria responsável sobre sua vida. E suas ações estariam destituídas de mérito e de culpabilidade.

PENSE BEM: Se os outros tivessem poder sobre você, a vida seria uma confusão total. Todos seriam joguete de todos. Um caos. Mas, no mundo de Deus não existe o caos e sim a sabedoria e a ordem.

Diz a bíblia: "Ninguém lançará mão de ti para te fazer mal".

Anote esta verdade: Deus habita seu íntimo; portanto, você, e o Deus que habita seu ser, são a força todo-poderosa contra a qual nada nem ninguém pode.

O MUNDO DE DEUS É BOM

Quando Deus criou o mundo, viu que tudo era bom – diz a bíblia. Verdade óbvia, porque em Deus não existe o mal.

Deus é o bem, somente o bem.

Todo mal é antítese de Deus.

Por qualquer caminho que o mal percorra, jamais

encontrará Deus.

O mal nunca produzirá o bem.

O que você fizer ou mandar fazer a alguém, mesmo que seja seu pior inimigo, retornará a você multiplicadamente, tanto o bem quanto o mal.

É a Lei do Retorno.

Jesus foi muito claro quando alertou: "Não faça ao outro o que não quer que o outro faça a você".

Prefere você receber o bem multiplicado ou o mal?

A Lei é superclara: O bem produz o bem, o mal cria o mal.

Mesmo que você mande um macumbeiro ou feiticeiro fazer o mal a alguém, esse dano atingirá tanto o feiticeiro quanto você.

Pensar o mal, desejá-lo e promovê-lo são farinha do mesmo saco.

O mal é descaminho, mesmo que o fim se justifique, quer dizer, mesmo que seja para obter uma coisa boa. Dizem o entendidos que os fins não justificam os meios.

Fazer uma coisa má para alcançar um resultado bom é achar que um pé de erva daninha possa produzir maçãs. Não é da natureza da erva daninha produzir maçãs. Se você quer colher maçãs, plante maçãs. Esta é a Lei Universal de que você COLHE O QUE SEMEIA.

Diz o ditado que quem semeia ventos, colhe tempestades. É a Lei do Retorno multiplicado.

***

A Lei do Retorno é por demais consagrada pela sabedoria popular.

MEDITE NESTES AXIOMAS:

"Aqui se faz, aqui se paga".

"Quem com ferro fere, com ferro será ferido".

"De quem tira, será tirado".

" O fogo que você lança, queimará, antes de tudo, você mesmo".

***

NÃO TENHA MEDO

Diz a bíblia: "Ninguém lançará mão de ti para te fazer mal". Já falei sobre isso.

Quando você sentir abalada sua coragem e força interior, por exemplo diante de qualquer perigo ou ameaça, faça essa oração de proteção divina, que está na bíblia:

"Nenhum mal há de chegar perto de ti,
Nenhuma desgraça baterá à tua porta,
Pois o Senhor deu uma ordem aos seus anjos
Para, em todos os caminhos, te guardarem".

Diz Deus, neste mesmo salmo 90:

"Ao invocar-me, eu ouvirei e atenderei".

***

VOCÊ ACREDITA EM DEUS?

TEM CERTEZA DE QUE A BÍBLIA FALA A VERDADE?

Então, por que leva a sério ameaças, macumbas e feitiçarias?

***

Lembre-se: VOCÊ e o DEUS que habita seu íntimo são a força mais poderosa do mundo.

Só você tem poder sobre sua vida.

Os outros apenas terão o poder que você lhes der.

Seja inteligente: Não dê poder negativo a ninguém.

CAPÍTULO 10

USE SEU PODER PARA FAZER BONS NEGÓCIOS

Fazer bons negócios é o sonho não só de empresários, mas de todas as pessoas.

Não há quem não tenha algum tipo de negócio em pauta, seja a aquisição de um fogão, ou de uma casa, ou então, vá lá, de um livro. E há grandes empreendimentos que exigem certo grau de segurança.

Que negócios você tem em andamento?

Quais são os negócios que tem em vista?

CONDIÇÕES PARA UM BOM NEGÓCIO

PRIMEIRA CONDIÇÃO: DETERMINAÇÃO.

Negócio é uma transação que envolve dar e receber.

Parto do pressuposto de que você já sabe o que pretende vender ou adquirir. Tudo está claro e definitivo na sua mente.

Agora, seja determinado e vá em frente.

SEGUNDA CONDIÇÃO: QUEIRA SER JUSTO

E CORRETO NA TRANSAÇÃO COMERCIAL.

Lembre-se que o descaminho não leva ao caminho.

Há pessoas que vivem espreitando uma vítima para lograrem. Jamais serão bem-sucedidas, porque o mal nunca criará o bem. Nenhuma árvore má produzirá frutos bons, já dizia com sabedoria o Mestre.

Todo negócio é bom quando é bom para os dois lados.

Como dizia Emet Fox: "Coloque Deus nos dois lados da mesa em toda transação comercial".

Só há um caminho.

Compreendeu? Então vamos à próxima condição básica.

TERCEIRA CONDIÇÃO: TER CERTEZA DE QUE, SE VOCÊ DESEJA VENDER ALGUMA COISA, EXISTE ALGUÉM QUE DESEJA ADQUIRI-LA E, SE VOCÊ QUER ADQUIRIR, O QUE VOCÊ BUSCA ESTÁ À SUA DISPOSIÇÃO EM ALGUM LUGAR.

Vivemos num mundo de dualidade.

Tudo que você deseja é seu e está à sua espera.

Se você compreende essa verdade, jamais enganará ninguém e jamais roubará algo de alguém.

QUARTA CONDIÇÃO: ESTABELEÇA POLO DE LIGAÇÃO ENTRE VOCÊ E O COMPRADOR OU VOCÊ E O VENDEDOR.

Como pode isso acontecer?

Considerando que todos os seres humanos somos uma unidade ao nível da mente subconsciente, o seu pensamento de venda ou de compra atinge mentalmente a pessoa interessada no assunto.

Na verdade, pode haver vários indivíduos que desejem fazer negócio com você, por isso invoque a Sabedoria Interior para que o conduza à pessoa certa e ao negócio certo.

Mentalize o negócio como você deseja fazê-lo.

Nunca esqueça, porém, a Lei do Retorno: O mal que desejar ou fizer ao outro, retornará a você. Entendeu agora porque os enganadores, ladrões, exploradores, sequestradores, assaltantes e espertalhões jamais enriquecem e jamais serão bem-sucedidos nos negócios?

***

ENTENDA BEM QUE NÃO ESTOU DIZENDO QUE OS QUE VÃO MAL NOS NEGÓCIOS SÃO MALFEITORES. Há os que vão mal nos negócios por não saberem o caminho do sucesso e por não saberem usar as Fontes Interiores de sabedoria e poder.

Você poderá contrapor que não é bem assim, porque muitos empreendimentos não têm saída e nem solução. Explique-me, então, por que é que certos negócios falidos entram em prosperidade quando nas mãos de outras pessoas?

***

QUINTA CONDIÇÃO: FORME UM QUADRO MENTAL VISUALIZANDO A REALIZAÇÃO PERFEITA DO NEGÓCIO.

Você já viu o capítulo sobre a imaginação. Passe a colocar em prática o que aprendeu.

Quando você imagina, está acionando as forças subconscientes.

SEXTA CONDIÇÃO: É IMPORTANTE SABER QUE, PELA CIÊNCIA DA MENTE, TUDO O QUE O SUBCONSCIENTE ACEITAR COMO VERDADE, EXECUTARÁ. INCLUSIVE SEU NEGÓCIO.

Mentalize.

SÉTIMA CONDIÇÃO: COMO O MUNDO MATERIAL É RESULTADO DO MUNDO MENTAL, SIGA COM FÉ POR ESSE CAMINHO, QUE TUDO DARÁ CERTO.

Recorde que todos os negócios nascem na mente.

OITAVA CONDIÇÃO: PERSISTA NA MENTALIZAÇÃO, SEM ESMORECER, E ATENDA ÀS INSTRUÇÕES INTERIORES, INCLUSIVE À INTUIÇÃO.

CAPÍTULO 11

USE SEU PODER PARA ACABAR COM A DEPRESSÃO

Se você está deprimido, nem quererá ler essas linhas. É como aquele sujeito que comeu tanto churrasco de ovelha que já não aguenta mais ver nem o pelego.

Falaram tanto da sua depressão, que você só quer ficar sozinho, no seu cantinho, deplorando a vida e desejando sumir do mapa.

Primeiro, vamos ver nossos pontos de convergência:

Primeiro: estamos de acordo que você NÃO QUER SUA DEPRESSÃO.

Infelizmente ela está aí. Aconteceu. Tirou sua vontade de viver.

Você não a deseja, não a aceita, mas ela está aí.

É uma constatação.

Segundo ponto de convergência: VOCÊ QUER LIVRAR-SE DELA.

Se tivesse uma varinha mágica, jogaria de imediato sua depressão lá nos quintos dos infernos, como diz o velho ditado.

AGORA, OS POSSÍVEIS PONTOS DE DIVERGÊNCIA:

VOCÊ PENSA QUE SUA DEPRESSÃO APARECEU COMO INQUILINO INDESEJADO E EU DIGO QUE VOCÊ A CRIOU.

Quem terá razão?

Nada acontece por acaso.

O mundo e a vida se regem pela lei de causa e efeito. Depressão é efeito, logo deve ter uma causa.

Como causa e efeito são as duas faces da mesma realidade, concluo que, se o efeito está em você, logicamente a causa também será você.

Concorda comigo que sua depressão não caiu do céu e que não é castigo e nem mandinga de alguma pessoa mal-intencionada?

Vamos partir de um princípio evidente: Depressão se manifesta na mente. É uma situação mental-emocional em que você se sente triste, abatido, desanimado, negativo e pessimista. Esta descrição mostra com clareza que depressão tem sua sede na mente. É estado mental.

Como a mente sintoniza com o corpo, é fora de dúvida de que esse estado mental repercutirá no organismo, abatendo as forças, causando distúrbios, como prisão de ventre, insônia e enfraquecimento do sistema imunológico.

É preciso perceber que não são os estados físicos combalidos que produzem a depressão, mas o contrário.

Busque a causa da sua depressão em algum evento

negativo que se fixou na mente. Pode ser que você lembre o fato desencadeante e pode ser que nada lhe passe pela cabeça. Neste caso, não admira, porque a mente subconsciente procura esconder e reprimir tudo que lhe causa sofrimento. É um processo instintivo de autodefesa e preservação. Como seu caso foi forte e não administrado positivamente, o subconsciente deixa vazar o sofrimento. E a tristeza se torna companheira inseparável. Antes você ESTAVA triste, agora você É triste. Depressão. Estar é circunstancial, episódico, momentâneo; ser é estado permanente, duradouro, habitual.

CONCLUSÃO: Se você criou sua depressão, pode desfazer-se dela.

Com o mesmo poder que teve para produzir seu estado deprimido, irá agora criar o estado mental alegre e positivo.

Não há nada de inacreditável e nem de exagerado nisso.

Depressão é resultado de pensamento-sentimento negativo fixado.

Estado alegre é efeito de pensamento-sentimento positivo e feliz.

Se foi possível criar a depressão, também é igualmente possível criar o estado de libertação e bem-estar.

Depressão é pensamento que se abateu sobre você e causou estragos.

Usando agora decididamente seu poder criador positivo, assomarão poderosas forças interiores que gerarão essa nova situação positiva e alegre.

Cabe aqui repetir a afirmação do Mestre: "A fé remove montanhas".

MENTALIZE ALEGRIA

Diz a sabedoria latina: "Contrária contráriis curantur". O contrário, com o contrário se cura.

Mente triste se cura com mente alegre.

Mente abatida se cura criando alto-astral.

A energia que o deprimido está necessitando é a da alegria.

Você sabe que a alegria e o riso são extraordinários remédios gratuitos para a cura da depressão.

Não é por nada que a própria Medicina científica já reconheceu que rir é o melhor remédio.

Infelizmente o deprimido se aninha na sua própria tristeza e não quer saber nada de alegria e nem de risos. Alegria e risadas, no seu caso, se afiguram como agressão e falta de respeito à sua situação.

Mas você, que está deprimido, deve fazer esforço para libertar-se do mal. Ou você acha que irá receber tudo de mão beijada?

Lembre-se do velho e sábio ditado: "Deus dá as nozes, mas não as quebra".

Outra sabedoria milenar: "Deus dá a minhoca ao passarinho, mas não a joga no ninho".

Esta também ensina: "Deus dá os dentes, mas não mastiga por você".

A boa notícia é que a mudança de padrões mentais é o caminho mais simples, mais fácil e mais direto para você sair da depressão. Além de tudo, é mais barato e depende exclusivamente de você.

O passo essencial da cura sequer exige esforço físico, porque nada mais é do que mentalizar positivamente a alegria, a felicidade, a paz, o bem-estar.

Quando você cria um pensamento, realizou o milagre do poder interior. Ao pensamento segue-se a reação subconsciente; à reação subconsciente segue-se a ação e à ação segue-se a materialização.

Eu sei que sua tentação é seguir a lei do menor esforço, que, para você, significa tomar comprimidos antidepressivos. Mas, se a causa da depressão é mental, por que acha você que o remédio vai resolver? O comprimido poderá dar um sacudão no seu cérebro, mas, se a mente não mudar, nada mudará em definitivo.

O socorro da Medicina tradicional é importante quando a pessoa não tem mais condições de se ajudar. Superada esta fase, mesmo prosseguindo com os antidepressivos, é fundamental você perdoar o passado e criar padrões positivos e alegres de pensamento.

***

MEDITE COMIGO: Se depressão é estado mental, o caminho da cura é pela mente e não pela via orgânica cerebral.

Ainda que mal comparando: se você quer saber geografia, use a mente para estudá-la, porque não vai adiantar nada comer o livro de geografia. Concorda?

***

SUGESTÕES VALIOSAS

Vou oferecer-lhe algumas receitas eficazes que ajudarão você em caso de depressão.

MENTALIZE ALEGRIA. Já conversamos sobre isso. Recorde que a palavra produz a realidade e a energia do conteúdo da palavra. Se você continua a falar e pensar em depressão, tudo seguirá igual.

Mentalize que já está melhor, que a vida é uma festa, que você está bem, que é feliz. Mande ao subconsciente a mensagem de que você está cada dia melhor e melhor. Proclame interiormente que a sua vida é uma festa.

Não se trata de mentir para si mesmo, mas de estabelecer novos padrões de pensamentos e crenças.

Para onde você dirigir seus pensamentos, para lá dirigirá sua vida.

MEDITE POSITIVAMENTE.

A meditação causa bem-estar; diminui a tensão; alivia a dor e o sofrimento; prolonga a idade biológica; reduz o desgaste físico e mental e produz vida melhor e mais saudável.

ORAÇÃO CONFIANTE E POSITIVA.

Experimente fazer uma oração pessoal em que entra em contato com Deus, ou Na. Sa., ou algum santo da sua devoção. Conte o que você tem a contar. Não peça apenas forças para suportar o problema, mas principalmente peça solução imediata. Tenha fé. Verá os resultados.

FAÇA UM ATO DE AMOR A SI MESMO.

Quando uma pessoa está em depressão, perde a vontade de cuidar de si e entra, bastas vezes, em desleixo.

Depressão já é processo de desamor. Se a pessoa se amar com todas as fibras interiores, não entrará em depressão, porque o amor é prazeroso, estimulante, euforizante, energético. Amor é felicidade.

Faça um esforço para banhar-se bem, vestir-se bem, pentear-se a ponto de agradar a si mesmo. Se puder, vá a um instituto e trate do cabelo, unhas, pele, de tal forma que o corpo ajude você a sentir-se bem. Assim, melhorará a autoestima. Trate de encantar a si mesmo. Dessa forma, ficará mais fácil amar-se.

RIA BASTANTE.
ATÉ DA PRÓPRIA SOMBRA.

Já falei que rir é o melhor remédio. Estou apenas repetindo. Concordo que você não tem vontade nenhuma de rir. É como um motor emperrado. Procure, no entanto, tudo que possa movê-lo ao riso: anedotas (já lancei dois livros humorísticos), programas alegres de televisão e vídeo, comédias, pessoas que gostam de contar piadas...

MÚSICAS DE ALEGRIA E FELICIDADE.

A música é linguagem universal. A mente, o coração e o corpo vibram em sintonia com a música.

Escolha músicas agradáveis, jocosas, positivas, elevadas, alegres e mergulhe nesse mundo lindo de boas emoções e de benéficas energias.

CAMINHADAS. DE PREFERÊNCIA AO SOL.

Está mais do que comprovado que a caminhada leva o cérebro a liberar o hormônio da endorfina, cuja função altamente benéfica é aliviar dores e sofrimentos e produzir bem-estar.

GINÁSTICA.TAMBÉM LIBERA ENDORFINA.

Tem muita gente que não gosta de malhar. Mas a ginástica agradável, apropriada ao seu estado geral, faz grande bem à saúde física e mental.

LAZER. TURISMO. PASSEIO. FÉRIAS.

Estas atividades, quando descontraídas, alegres e gostosas, são fatores positivos para a recuperação da sua vontade de viver.

SEXO PRAZEROSO E CARINHOSO.

Os cientistas são unânimes em assegurar que a relação sexual produz os seguintes benefícios, entre outros: libera endorfina e oxitocina (hormônios que geram sensação de prazer e bem-estar); fortalece o sistema imunológico (o deprimido tem as defesas combalidas); emagrece; previne problemas cardiovasculares; é lenitivo para o estresse; é energia antidepressiva; libera o hormônio da dopamina, que também produz bem-estar; libera feniletamina, substância que produz euforia, frenesi de excitação, rejuvenescimento.

SOL: GRANDE REMÉDIO GRATUITO.

Ponha sol na sua vida. Saia a caminhar ao sol, principalmente ao sol suave da manhã e do entardecer. Verá, com surpresa, que se sentirá bem.

Por quê?

O sol atinge os olhos e estimula o cérebro a liberar serotonina, hormônio que previne a depressão.

ATIVIDADES ESTIMULANTES.

Ao invés de ficar preso ao quarto ou confinado entre quatro paredes, trate de encontrar uma atividade que lhe seja prazerosa, agradável, estimulante.

Crie projetos, objetivos que lhe causem entusiasmo e atire-se à execução deles. Em dois tempos, adeus depressão.

CAPÍTULO 12

COMO USARÁ SEU PODER PARA ACABAR COM O ESTRESSE

Quando as tensões se acumulam demasiadamente, sem dar tempo a que o organismo enxugue a adrenalina e recupere a calma, a paz, a normalidade, o equilíbrio e a harmonia - ocorre o estresse.

Estresse é estado de exaustão.

Os alarmes soaram e você não deu importância, a resistência chegou ao fim e a exaustão mental ou física aconteceu. Isto se chama estresse.

Há inúmeros fatores estressantes, como a morte de pessoa querida, perda de emprego, compromisso pesado, responsabilidade preocupante, decisão importante, inimigos à vista, ódios, mágoas, medos prolongados, indecisões perturbadoras, acidentes, catástrofes, fracassos, roubos, perda de dinheiro, negócios difíceis, dívidas, salário insuficiente, doença de pessoa achegada, problemas familiares, assim por diante.

A vida de hoje tende a estressar os desavisados, tal é o montante de solicitações, compromissos, problemas e preocupações.

O volume de mensagens que invadem sua mente, jogadas pelo jornal, tevê, rádio, internet, revistas, acontecimentos de cada dia, mais as necessidades da vida, do estudo, da família, da comunidade, acrescidas às atuais exigências financeiras e ainda somadas aos compromissos sociais inevitáveis, são fatores que, ao natural, conduzem ao estresse.

As consequências do estresse, você já as conhece: cansaço, esgotamento, insônia, perda de memória, enfraquecimento do sistema imunológico, nervosismo, impaciência, inquietação, dificuldade de raciocinar e de tomar decisões corretas e imediatas, prisão de ventre, tendência a úlceras e a problemas cardiovasculares, envelhecimento precoce, irritabilidade e por aí afora.

ACABE COM O ESTRESSE

Antes de tudo, pare e reflita sobre sua vida.

Diz o velho ditado que quem tudo quer tudo perde, isso aprendi de pequeno.

Hoje, a correnteza da vida arrasta as pessoas ao estresse, por isso é necessário que você tome consciência do mundo em que vive, da maneira como vive, e organize-se.

Ponha ordem e prioridades nas suas atividades.

O estressado quer fazer tudo ao mesmo tempo e acaba não fazendo nada.

É sabido que o estressado, devido ao cansaço e às confusões mentais, tem que trabalhar muito mais para produzir muito menos.

A primeira lei antiestresse é esta: Uma coisa de cada vez. Uma coisa depois da outra. Cada coisa na sua hora e tempo certo. Reaja tranquila e vigorosamente contra o impulso, a agitação e a impaciência.

Tem gente tão estressada que não consegue nem sequer ficar sentada durante cinco minutos.

Preste atenção ao que está fazendo e como está fazendo. Domine essa pressa e ansiedade que o leva a agitar-se de um lado para outro sem chegar a algo produtivo.

Acabe decididamente com o estresse, caso contrário o estresse acabará com você.

Trabalhar feito doido não é modernidade e nem fator de sucesso.

Acalme-se.

Tome conta de si e ordene sua mente.

Escreva quais são as suas metas e como as executará.

NÃO CONFUNDA AFOBAÇÃO COM PROGRESSO E SUCESSO

Escreveu o futurólogo Alvin Tofler que o mundo de hoje não se divide mais entre grandes e pequenos e nem entre esquerda e direita, mas entre lentos e rápidos.

Tudo bem, só que essa ideia deve ser bem entendida, porque vale mais um burro vivo do que um leão morto, dizia meu avô, há quarenta anos.

O que quer informar Alvin Tofler é que vivemos num mundo de rápidas mudanças, de tal sorte que os parados e os lentos sempre chegarão tarde. Mas, evolução não significa necessariamente estresse. Pelo contrário, à medida que aumenta a tecnologia, diminuirá a ação humana.

Quanto mais tempo você tiver para pensar, melhores resultados obterá, em suas atividades, sob todos os pontos de vista.

Afobação, agitação, nervosismo, turbulência, não são caminhos de sucesso e nem de progresso.

Diz a sabedoria que a pressa é inimiga da perfeição.

Use a capacidade pensante para ver claramente seu objetivo, pesquise a melhor maneira de atingi-lo, trace a estratégia e sirva-se de tudo o que positivamente facilitará chegar ao resultado almejado.

USE O PODER PARA EVITAR ESTRESSE

Estresse é exaustão mental e física. Urge sair dessa situação para evitar que a vida descambe para a depressão.

Use o poder mental para evitar esse tipo de atitude.

Mente calma cria condições para a ação da sabedoria interior e permite funcionamento saudável do corpo.

Jesus já dizia: "Bem-aventurados os calmos, porque eles possuirão a terra". É uma verdade hoje consagrada pela ciência, porque o calmo raciocina melhor e mais profundamente, portanto tem as condições ideais para realizar negócios eficazes e bem-feitos.

Mente calma permite decisões corretas.

Mente calma significa nível ALFA. Neste nível mental, aumenta o campo da inteligência, da memória, da capacidade, da criatividade, da intuição, do discernimento e da lucidez.

RELAXE. O relax enxuga a adrenalina, libera as tensões, oxigena o cérebro e o organismo em geral. O relax acaba com o estresse.

Ria bastante, porque você já viu os efeitos magníficos do riso e da alegria.

Caminhar, fazer exercícios, lazer, música apropriada, passeios, praias, sol, sexo, são ótimos meios de eliminar o estresse.

O conhecimento do Poder da Mente é o fator número um para dar fim ao estresse. Sem dúvida, porque, pelo Poder da Mente você sabe que tudo pode e tudo alcança. Ora, se tudo lhe será dado de acordo com seus pensamentos acreditados, não verá nenhum motivo para estressar-se, agitar-se, angustiar-se, pois jamais esquecerá o que ensinou Jesus: "Pedi e dar-se-vos-á, porque todo aquele que pede recebe".

Diz a ciência do Poder da Mente que a fonte de tudo está dentro de você, portanto seria parvoíce preocupar-se e estressar-se para alcançar o que já possui essencialmente.

RECORDE: A FÉ REMOVE MONTANHAS, PRODUZ MILAGRES E TUDO ALCANÇA.

O ESPÍRITO É FORTE A CARNE É FRACA

A bíblia consagrou a frase de que o espírito é forte, mas a carne é fraca. Geralmente, esta afirmação do livro sagrado é interpretada pelo lado espiritual, relacionado com tentações e coisas do gênero.

Eu entendo diferente: O espírito é forte, sim, porque da dimensão do Infinito. Alcança os mais altos ideais, avança por domínios sem limites, quer conquistar o mundo, hastear bandeiras grandiosas, mas o corpo tem limites, que devem ser observados.

O desconhecimento dessa diferença abre caminho para o conflito de dimensões, que gera estresse.

Dê asas aos seus belos projetos, alimente seu entusiasmo, mas preserve seu corpo, dando-lhe o devido descanso, a pausa que refaz e a alimentação necessária.

Lembre-se que um dia você poderá abandonar ou dispensar seus amigos, e até mesmo familiares, mas jamais, nesta vida, conseguirá abandonar seu corpo. Será seu fiel companheiro de todos os momentos. Seu corpo não é produto descartável. Cuide bem dele.

CAPÍTULO 13

USE O PODER PARA SER FELIZ

Conheci o Antônio Leopoldino em São Paulo.

Na ocasião, eu usava uma bata bege com a legenda Ser Feliz É Essencial.

Ele leu a frase e comentou:

- Ser feliz é essencial, mas impossível.

- Por que? – perguntei-lhe.

- Você não percebe os problemas da vida, a situação de pobreza, o desemprego, a violência, as desgraças e sofrimentos que campeiam por toda parte?

Entendi o raciocínio do homem que, além do mais, é o que pensa grande parcela da humanidade.

O argumento que derruba essa mentalidade é muito simples: cinco bilhões de infelizes não provam a inexistência da felicidade, mas apenas provam a existência de cinco bilhões de infelizes. Nada mais óbvio. Seria o mesmo que dizer que a maioria da humanidade é pobre, logo não existe dinheiro no mundo.

Outro argumento simplório, muito usado por certas pessoas, é o seguinte: "Eu sou infeliz, logo não existe felicidade". Nem precisa refletir para perceber a falha do raciocínio. Aliás, é muito comum ouvir indivíduos generalizarem o que acontece com eles. Porque eles passam por situações de brigas e desentendimentos, dizem que o mundo é um saco de gatos; porque não progridem, concluem que só enriquece quem rouba; porque o marido não agiu corretamente, apregoam aos quatro cantos que os homens não prestam, assim por diante.

FELICIDADE É A ESSÊNCIA DO SER HUMANO

Somos originários da Suprema Felicidade, nascemos felizes, para sermos felizes.

Já comentei que somos da espécie divina, como escreveu o apóstolo Paulo.

Ninguém duvida que a essência divina é a Felicidade, consequentemente todos os seres da mesma espécie também são felicidade.

Sei que você dirá que, se a felicidade é a essência da criatura humana, esta deve ser perenemente feliz. Sim, na essência é feliz, mas na realidade pode não ser.

Você concorda que todo ser humano é essencialmente bom, porque originário do Supremo Bem. No entanto, na prática, nem todos os indivíduos são bons. Entre a essência e a realidade pode haver distância, embora não devesse.

Todo infeliz, concluindo, está fora de si, é um alienado.

***

O INFELIZ É UMA SOMBRA DE SI MESMO.

A PESSOA FELIZ VIVE A PLENITUDE DO SEU SER.

***

Como existe tanta gente infeliz, muitos entendem que a felicidade é impossível ou então que é extremamente difícil ser feliz.

Você sabe que existem pessoas felizes, portanto a felicidade é possível.

- Mas é difícil – arrematará você.

- Parece, mas não é. Não pode ser difícil.

- Não pode, mas é – teimará você.

Acompanhe-me: quanto mais sábia uma pessoa, mais ela conhece as coisas e mais facilmente as faz. Ora, Deus é a suma Sabedoria, que tudo conhece e para quem tudo é simples e fácil. Moldou o ser humano e a vida da maneira mais simples que se possa imaginar.

Não é admissível que fosse tornar difícil e complicada a realização da própria essência do ser que criou. Seria o mesmo que dizer: "Ganhou, mas não levou".

Imagine você que Deus tivesse criado a ave para voar e não lhe desse condições de voar. Absurdo. Incoerência. Incompatível com a Sabedoria e o Poder Divinos.

O que estou querendo dizer é que necessariamente deve simples e fácil ser feliz.

- Por que, então, pouca gente é feliz? – insistirá o

advogado do diabo.

Quando Jesus disse que só existe uma porta, muita gente concluiu equivocadamente que era muito difícil. Ele apenas disse que a porta é uma só. Acerte a porta e entrará com a maior facilidade do mundo. Ela não está trancada a sete chaves, nem aferrolhada, nem está localizada no fim do mundo, naquele lugar distante onde o vento faz a curva. Está no local mais próximo e mais acessível ao ser humano: no interior da própria pessoa.

Jesus aclarou tudo quando informou: "O reino dos céus está dentro de vós mesmos".

Alguns sábios, que chegaram à compreensão, também ensinaram que a felicidade está no íntimo de cada um.

Confúcio, por exemplo, disse: "O homem será feliz se souber encontrar o céu dentro de si".

A humanidade, de um modo geral, tem colocado a felicidade no mundo exterior, por isso a enorme dificuldade de achá-la. Procurando fora o que está dentro, você concordará comigo que é empreitada impossível. Seria o mesmo que pretender pescar no asfalto da cidade. Jamais encontrará peixe por aí. Isso, no entanto, não significa que não exista peixe no mundo. Existe, mas está na água.

O sábio Lao-tse disse: "O que vai para fora depende das coisas exteriores. Quem vai para dentro, encontra em si tudo quanto busca. Infeliz de quem depende das coisas exteriores para viajar".

Um exemplo bastante conhecido é o da famosa e

querida princesa Diana: Casou com um príncipe de verdade, para ser feliz; foi morar num palácio real, para ser feliz; teve dois filhos, para ser feliz; teve riqueza e poder, para ser feliz; teve imenso prestígio e fama, para ser feliz; fazia-se presente nas capas de revistas, nos jornais e veículos de comunicação, para ser feliz; viajava pelo mundo e participava de atividades sociais e filantrópicas, para ser feliz. Desentendeu-se com o marido, para ser feliz; tomou prosac, quando deprimida, para ser feliz; separou-se do marido, para ser feliz; namorou um moço rico, para ser feliz. Morreu em acidente de carro, em Paris, sempre na busca da felicidade.

Tudo isso que ela viveu é mundo exterior. Este é neutro. Cada indivíduo aplica-lhe a marca de bom ou ruim.

O lago azul está aí: você pode vê-lo monótono, sem graça, insuportável ou pode vê-lo bonito, fascinante, agradável. O lago é o mesmo. Entendeu?

FELICIDADE É ESTADO MENTAL

O que promove a felicidade ou a infelicidade não é o que acontece e não são as coisas, mas a INTERPRETAÇÃO que a pessoa dá aos fatos e às coisas. Cada um emite sua própria interpretação em relação a cada acontecimento e a cada coisa. Para uns, morar no campo é o que há de mais agradável; para outros, é primitivismo. A perda do emprego, para uns é uma desgraça; para outros, é o caminho que lhes dará um trabalho mais produtivo e benéfico.

É bom recordar que vivemos de crenças e estas podem ser negativas ou positivas, felizes ou infelizes, alegres ou tristes.

RESUMINDO E REPETINDO: FELICIDADE É ESTADO MENTAL.VOCÊ É O QUE PENSA.

Não há como supor que a felicidade, sendo essência do ser humano, estivesse contida em algum ato ou fato, porque, se este fosse prejudicial à pessoa, ela não poderia ser feliz, mesmo que o quisesse.

Por ser estado mental, qualquer pessoa pode fazer-se feliz. E deve, porque felicidade é a plenitude do ser humano. É a realização do projeto divino.

DEFININDO A FELICIDADE

Afinal, o que é felicidade?

Qual será a definição perfeita de felicidade?

Toda definição é perfeita quando não for susceptível de qualquer contradição. Por exemplo, se você diz que felicidade é ter dinheiro à vontade, para comprar o que quiser a qualquer momento, eu responderei que conheço muita gente cheia de dinheiro, com enorme conta bancária, que é infeliz. Mas, não vá concluir apressadamente que eu sou contra o dinheiro ou que o dinheiro faz a infelicidade das pessoas. Apenas estou afirmando que o dinheiro, em si, é mero objeto e se torna o que você PENSA que ele é. Se você afirmar que ser feliz é praticar a religião, retruco que há gente que pratica a religião e, no entanto, é deprimida e infeliz.

Pois bem, vamos à definição de felicidade.

FELICIDADE É SENTIR-SE BEM CONSIGO MESMO, COM A HUMANIDADE, COM O UNIVERSO E COM DEUS.

Note que a definição começa com o verbo no presente, voltado para a própria pessoa: sentir-SE. Este SE é reflexivo e significa que se trata de ação interior. Quer dizer que a felicidade acontece dentro do indivíduo.

Como só você tem acesso ao seu mundo interior, só você pode fazer a sua felicidade ou infelicidade.

Na sua mente, é necessário que esteja harmonizado positivamente consigo mesmo, com a humanidade, com o universo e com Deus. Basta que você não goste de si, ou odeie o último dos moicanos, ou despreze qualquer ser do universo, ou tenha repulsa a Deus e já não será feliz.

***

FELICIDADE É A PLENITUDE DA CRIATURA HUMANA.

***

Quando você entendeu que o mundo que se cria

na mente é o mundo que se expressa na vida, reconheceu que a felicidade é a dimensão máxima que pode atingir uma pessoa, porque - repetir nunca é demais - nós somos o que pensamos.

Quando você é feliz, logicamente irradia felicidade ao corpo, tornando-o saudável; expande felicidade às outras pessoas e isto se chama fraternidade; sintoniza com o universo, harmonizando-se com ele; e faz-se uno com Deus, na mais bela comunhão com a imanência divina. Além disso, levando-se em conta que o mundo exterior nada mais é que reflexo do mundo interior, quando você é feliz também o mundo exterior o será para você, seja ele qual for, como for e onde for.

COMO VOCÊ SERÁ FELIZ AGORA

Você viu que felicidade é estado mental. Mas, talvez não saiba o caminho da felicidade.

Concretamente, seu pensamento de felicidade fará a sua felicidade.

Pensar é ser.

Nós somos o que pensamos, dizem todos os mestres.

"Aquilo que o homem pensa com todo fervor, aquilo ele é"- afirmou o rei e profeta Daví.

"Pois ele é tal qual seus pensamentos" – merece ser repetida aqui a sabedoria milenar da bíblia.

Pense felicidade.

Diga para si mesmo: EU SOU FELIZ!

Aí está uma jaculatória poderosa, tão poderosa quanto a palavra que criou o mundo.

Ao afirmar categoricamente EU SOU FELIZ, estará derrubando, destruindo e anulando definitivamente qualquer pensamento ou crença contrária.

Percebeu como o milagre é simples e fácil?

CAPÍTULO 14

COMO USAR O PODER PARA NÃO SER NEGATIVO

O título deveria ser: Como usar o poder para ser positivo. Preferi colocar no negativo para, inicialmente, me identificar com a maneira como muitas pessoas perguntam.

Antes de responder, quero esclarecer alguns equívocos muito comuns.

SER NEGATIVO NÃO É MAIS FÁCIL DO QUE SER POSITIVO.

A mente subconsciente, que é o poder executivo, reage igualmente para qualquer tipo de pensamento, tanto positivo quanto negativo, tanto otimista quanto pessimista.

O que você cria na mente consciente, sob qualquer forma de pensamento, a mente subconsciente reage de acordo.

Qualquer pensamento unívoco, de qualquer natureza, aciona o poder realizador.

Como escreveu Andersen: "O pensamento faz a forma, o pensamento faz as coisas".

O poder funciona com a mesma força, tanto para pensamentos negativos quanto positivos.

É tão simples e fácil ser positivo quanto negativo.

Diz o velho ditado que cada qual colhe o que semeia. Tem gente que já nasceu recebendo programações negativas e continuou fixado no negativismo durante seus anos de existência. Ser negativo, para essa gente, é um hábito, um modo de ser.

Basta alguém convidar para um passeio e ele logo mete água fria na fervura: "Vai chover".

Se convidarem para uma reunião, ele exclama: "É pura conversa fiada".

Se alguém propõe um negócio, ele pensa: "Esse cara quer me lograr".

Se comentaram que tal livro é maravilhoso, ele deduz: "Conversa de vendedor."

Se disserem que Jesus morreu pregado na cruz, ele desconfia: "Vai ver que nem preso ele está."

Mas, há um fato social que facilita o negativismo: o conteúdo geral dos noticiários, dos veículos de comunicação e das conversas, contém elevadas doses de negativismo e pessimismo. Esta situação tende a criar o inconsciente coletivo negativo, que influi negativamente nas pessoas.

***

O HÁBITO DE SER NEGATIVO
É QUE DÁ A IMPRESSÃO DE SER MAIS FÁCIL
ESTE TIPO DE VIVÊNCIA.

Entretanto, nada do que você não queira, ou não aceite, fará parte do seu mundo interior.

O mundo inteiro pode ser negativo e você ser uma pessoa positiva e feliz.

Não é o mundo exterior que faz a sua vida, mas somente o que você criar ou aceitar na mente. É por isso que há tanta gente positiva e feliz no meio da poluição negativa.

***

LEMBRE-SE: Você é o que pensa e não o que os outros pensam.

***

HABITUE-SE A PENSAR POSITIVAMENTE

A vida só tem um caminho, o resto é descaminho.

Nem um milhão de pensamentos negativos, ainda que fundamentados filosófica e cientificamente, farão o efeito benéfico de um único pensamento positivo.

Nem um milhão de pessoas erradas tornarão certo o erro. Erro é erro. Mesmo que aceito durante dois milênios, não passa a ser verdade.

O negativismo, ainda que praticado pela maior parte da humanidade, jamais trará resultados positivos.

Um espinheiro nunca produzirá trigo.

Não se fixe no que diz e nem no que faz a maioria,

mas no que é certo.

Maioria, só pelo fato de ser maioria, não é paradigma da verdade.

Esta história de que a maioria vence, a maioria tem razão, não é bem assim.

Antigamente, a maioria absoluta da humanidade pensava que a terra era chata e hoje sabemos que é arredondada.

Porque a bíblia diz que Josué fez parar o sol até que vencesse os inimigos, a humanidade em geral julgava que o sol girava em torno da terra e não o contrário.

Jesus disse que somente a verdade liberta. E toda verdade é positiva e benfazeja.

Pensar positivamente significa ver o lado iluminado da vida e das coisas.

É claro que uma verdade positiva pode ser analisada também pelo lado negativo.

Posso falar sobre os efeitos extraordinários da alegria e sobre as consequências nefastas da tristeza. Mas acredito na alegria e a pratico.

Ser negativo é acreditar que a vida é triste, que você é triste por natureza, que não consegue deixar de ser triste, que o mundo é triste, que os outros tornam você triste, mesmo que não queira. Este negativismo cria estado de ser e conduz o indivíduo a viver num mundo árido, doentio, desgraçado e infeliz.

O único caminho é pensar positivamente e ver o lado positivo de si mesmo, de tudo e de todos. Onde há sombra, no outro lado há luz.

Como nós somos o que pensamos, não há outra alternativa a não ser pensar positivamente, mesmo que os noticiários sejam pessimistas. Se somente acontecesse o que dizem os veículos de comunicação, o mundo já teria acabado há muito tempo.

De mais a mais, quem faz os noticiários e comentários são pessoas como você, que podem ser positivas ou negativas.

Medite nesta verdade que mereceu ser título de um livro meu: SEM PENSAMENTO POSITIVO NÃO HÁ SOLUÇÃO.

Eu canso de ouvir lamentações como estas:

Minha mãe é tão negativa!

Meu marido é muito negativo.

Meu pai é contra tudo e contra todos.

Eles precisam conhecer as leis que regem a vida e uma delas é a lei de causa e efeito. Se a mente for negativa, a vida e seus resultados também serão negativos.

Que eles compreendam que não é a vida que os faz negativos, mas é o pensar negativo deles que torna a vida deles negativa. Lei de causa e efeito. Lei de que você colhe o que semeia. Lei de que o semelhante atrai o semelhante.

Não adianta tecerem argumentos inconsistentes, ideológicos, medíocres ou ignorantes, não adianta xingarem, ironizarem ou condenarem os que ensinam a viver positivamente. A vida deles é a maior prova de que estão no caminho errado.

Jesus ensinou que pelos frutos se conhece a árvore.

Verifique, no bom sentido:

Eles são felizes?
Eles são saudáveis?
Eles são prósperos e bem-sucedidos?
Eles têm amigos?
Eles se dão bem na família?
Eles acreditam no que afirmam?
Não critique ninguém, aprenda com eles.

O sábio Confúcio disse, certa vez: "Quando vires um homem bom, pensa em imitá-lo; quando vires um homem medíocre, examina teu próprio coração".

COMECE AQUI E AGORA

Thoreau escreveu: "O que o homem pensa a respeito de si, revela seu destino".

Suponhamos que, até aqui, você seja o heroico paradigma do negativismo. Não importa. Esqueça. Tudo já é passado.

Catherine Ponder escreveu uma bela verdade: "Seus pensamentos fizeram você como você é; seus pensamentos farão de você o que você será daqui por diante."

Aqui recomeça sua vida.

Este é o primeiro dia do melhor da sua vida.

Não foi por nada que Jesus salientou: RENASCER.

Nascer independe de você.

Renascer depende exclusivamente de você.

Nascer parte do zero.

Renascer pode ocorrer com qualquer idade. Você pode estabelecer o ponto zero a qualquer momento da vida.

Renasça agora.

Pela água e pelo espírito – como ensinou o Mestre.

Pela água que lava o passado.

Se o passado continuar existindo, não acontece o renascer.

Renascer é começar do zero, do nada.

Lavar o passado significa desfazer, apagar, tudo que aconteceu na sua vida até este momento.

Como se lava o passado?

Pelo perdão.

Perdoar significa limpar todo o mal gravado na mente. É jogar fora definitivamente todos os sofrimentos, negativismos, pessimismos, doenças, desgraças, infelicidades, perturbações, medos, angústias, depressões, estresses, problemas, preocupações.

Renascer vai além. É um recomeço do ponto zero.

- Como isso é possível?

- Pela ação do espírito, que detém o poder de apagar e construir, desfazer e começar.

Mude os padrões de crenças e de pensamentos e mudará a vida.

Todos os dias, repita com a maior frequência possível: "Eu sou positivo. Só penso positivamente, só falo positivamente e só ajo positivamente.

Vejo o lado positivo de tudo e de todos.

Isto me faz uma pessoa alegre, agradável, saudável, simpática, amorosa, feliz, próspera e bem-sucedida.

Agora sou outra pessoa. Com certeza. Assim é e assim será".

CAPÍTULO 15

COMO USAR O SEU PODER PARA SE APRESENTAR EM PÚBLICO

Falar em público é, para muita gente, angustiante problema.

A longo prazo, é fácil aceitar uma incumbência de discursar em solenidade, em comício, em aniversário, em festa, em banquete, em auditório ou coisa que valha.

À medida, porém, que o dia vai se aproximando, o heroico orador começa a entrar em desassossego e sente vontade de desistir.

Mas, o drama ocorre momentos antes de entrar em ação: um certo pânico toma conta do indivíduo, a boca resseca, o pigarro aproveita para se apresentar, o rosto teima em pintar-se de palidez, a mente quer entrar em parafuso, é o caos. O orador, nessas alturas, olha ao redor a ver se não há um poço para sumir ou então reza fervorosamente para que haja um terremoto ou pelo menos um blecaute na luz.

Não adianta, está na hora, tem que falar. Como diz

o ditado: "ajoelhou, tem que rezar".

Aproxima-se do microfone, tropeça no pedestal que se meteu indevidamente no caminho, agarra o microfone com as duas mãos, pigarreia e solta o verbo timidamente, pedindo a Deus para não gaguejar.

Se tem que segurar na mão os papéis da fala, justo nessa hora esses desgraçados começam a tremer.

Quando finalmente terminar a fala e perceber que, entre mortos e feridos, se salvaram todos, agradece a Deus pelos dois discursos: o primeiro e o último da vida dele.

Há artistas que, para desinibir, na hora do palco, lubrificam a massa encefálica com conhaque, wiski, vodka, alguns até com drogas estimulantes. Não é o caminho.

Se você já teve que se apresentar em público, notou que, à medida em que vai falando ou cantando, os monstrinhos do pânico, do medo e da timidez, vão desaparecendo. O fenômeno ocorre porque a mente, ocupada em transmitir o recado, já não tem mais tempo e nem espaço para criar bobagens.

Se você tem receio de falar em público, console-se, que só Jesus Cristo não se intimidou.

Ao ser ordenado padre, eu só pedia a Deus para fazer qualquer trabalho pastoral, menos sermão. Ter que falar em público, como diz o outro, era uma coisa muito osca. E não é que eu não fosse dado a apresentações em público. Desde estudante, escrevi várias peças teatrais, representei muitas vezes, discursei, expus teses filosóficas e teológicas.

É engraçado como o medo atrai. Fui ordenado sacerdote com 24 anos de idade e, ainda durante o curso de Teologia, fui mandado a Cruz Alta para atender a capelania do Hospital São Vicente, durante quinze dias.

Era tudo o que eu não queria. Lidar com doentes, sangue, feridos, moribundos, esfaqueados, era coisa que realmente eu não gostava. Tive que ir, embora relutante. Reconheço que foi uma boa experiência.

No mesmo ano, ao concluir a Teologia, mandaram-me a Uruguaiana afim de substituir o pároco da catedral, Monsenhor Assis, que se ausentava por alguns dias.

O quê?! Atender uma catedral? Neguei-me a ir.

Os superiores insistiram. Eu recusando. Entrando em mim, resolvi pegar a mala e correr até a estação ferroviária afim de tomar o trem com destino a Uruguaiana. O trem já havia partido. Peguei um táxi e disse ao homem: Acelere até a Estação Ferroviária de Boca do Monte, que preciso pegar o trem que já partiu de Santa Maria.

Lembrei-me daquela passagem do evangelho em que Jesus contava a história do homem que tinha dois filhos e deu uma incumbência para cada um: o primeiro disse que ia fazer, mas não fez; o segundo disse que não faria, mas fez. Jesus elogiou este. Claro, como diz o ditado, o inferno está cheio de promessas.

Voltando ao caso, quando cheguei na localidade de Boca do Monte, lá estava a velha maria-fumaça, fumegante como ela só. Embarquei.

Chegando em Uruguaiana, apresentei-me na catedral e, por incrível que pareça, meu primeiro compromisso era pregar a solene novena, com transmissão radiofônica. Precisamente o que mais temia.

Veio-me à mente a história do personagem bíblico, chamado Jó, muito rico, feliz, saudável, linda mulher e filhos. Caiu em desgraça, perdeu tudo, e o corpo ficou tomado de chagas. Jó exclamou, em meio às aflições:

"O que eu mais temia, isto me aconteceu".

Realmente, o medo atrai, por ser pensamento forte, emocionalizado e de intensa imaginação.

Mas, no meu caso, tudo deu certo, e até meus sermões foram elogiados pelo bispo da época, Dom Felipe de Nadal.

Estamos de acordo que medo de falar em público é que nem resfriado: pega fácil.

Há solução?

Sem dúvida. Garanto-lhe que, para mim, falar em público é, há muito tempo, uma das coisas mais agradáveis e gratificantes. Adoro transmitir mensagens de estímulo, de ânimo, alegria, felicidade, paz, amor e autoajuda.

Atualmente, minha agenda está repleta de viagens em função de palestras, cursos, jornadas, entrevistas, debates.

Só existe o problema porque existe a solução.

OS MEDOS QUE ACOMETEM

O medo é um pensamento negativo, muito emocionalizado, a respeito de algo que não aconteceu mas que se pensa que vai acontecer.

Medo, antes de tudo, é criação mental. Efeito de imaginação exacerbada.

Que medos podem acometer quem vai falar em público?

Vamos à caça dos prováveis:

Um dos medos mais desastrosos é este: QUE DÊ AQUELE BRANCO NA MENTE.

Acontece quando a pessoa está nervosa, assustada, temerosa. Por mais que você esteja preparado, aquele "branco" paralisa a memória e põe tudo a perder.

Outro medo: NÃO SABER O QUE DIZER. Quanto mais você se preocupa, menos ideias ocorrem em seu socorro.

Por que acontece?

A explicação é simples.

Existem quatro níveis mentais:

BETA, ALFA, TETA E DELTA.

Beta é estado mental normal, de vigília, racional, analítico, em que o cérebro pulsa numa média de 21 ciclos por segundo. À medida que vai baixando a ciclagem cerebral, chega-se ao NÍVEL ALFA, que é considerado o nível ideal para quem fala em público. Este é o estágio mental de maior lucidez, inteligência, capacidade, memória, criatividade e intuição.

Teta já é o limiar do sono e delta é o estágio do sono.

As situações de medo, angústia, ansiedade, perturbações, preocupação, temor, nervosismo, irritação e pânico alteram o ritmo cerebral para cima e, na proporção em que se eleva a ciclagem cerebral, diminui a capacidade mental, a memória fica afetada, o pensamento descontrola-se e o corpo expressa a perturbação através da voz, das pernas, das mãos, do coração, da respiração, do desconforto estomacal. Poucos cantores, oradores, artistas, homens públicos, conhecem este mecanismo psicológico. Mas é isso que acontece.

Lembra-se daquela vez que você tinha que declamar uma poesia?

Você a sabia de cor e salteado, a repetira mil vezes no quarto, no banheiro, no quintal e, no entanto, na hora de entrar no palco e apresentar-se diante daquele público que lotava o salão, surgiu aquele "branco" malvado, querendo transtornar o grande barato da sua declamação.

- Tem solução?

Tem. Vamos a ela.

DESBARATE AQUELE BRANCO

Para a cura de qualquer mal, usa-se o antídoto adequado.

Como aquele "branco" é provocado pela aceleração do ritmo cerebral, a solução está em baixar a ciclagem cerebral até alcançar o nível ALFA.

Em ALFA – você viu – amplia-se o campo da inteligência, da memória, da capacidade, do discernimento, da criatividade e da intuição.

Além disso, ALFA é o nível da paz, da tranquilidade, da harmonia psicológica, do bem-estar, da autoestima e da autoconfiança, que são fatores também fundamentais.

A bebida alcoólica pode ser estimulante até certa dose, tornando-se então depressora e inibidora da mente. Nunca a bebida e nem a droga clarificam a mente mais do que seu estado ALFA. Quando muito podem ser um precário quebra-galho.

Alguns momentos antes de falar em público, de se apresentar no palco ou na televisão, baixe o ritmo cerebral através do relax, ou da oração, ou da meditação, ou da concentração, ou da calma, ou da paz de espírito. Se puder evitar, nos momentos que antecedem sua apresentação, o barulho, a contaminação do medo que acomete seus colegas de apresentação, retire-se e relaxe.

Aprenda a descontrair, criando situações de alegria e de riso, porque é sabido que a alegria e o riso desinibem, relaxam o corpo, oxigenam o cérebro, acabam com o estresse, a preocupação e a angústia.

Respire profundamente afim de controlar a respiração.

Já percebeu que nas horas de medo e pânico e apreensão, o coração dispara e exige respiração ofegante para repor o oxigênio no sangue?

Controle a situação através de exercícios de respiração calma, longa e profunda.

MENTALIZE

Mentalizar é gravar mensagem na mente subconsciente.

Quanto mais relaxado e concentrado você estiver, tanto melhor.

Se está nervoso ou apavorado, concentre-se em cada parte do corpo e diga-se mentalmente: "Relaxando".

Após este ritual, faça um quadro mental visualizando-se a falar fluentemente, com alegria e autoconfiança, voz firme e agradável, irradiando simpatia. E visualize os assistentes ouvindo você com prazer. São pessoas queridas, que gostam de você, adoram ouvi-lo, admiram você assim como você é e torcem para que seja bem-sucedido. Assim é e assim será.

Ao entrar, seja calmo, sorria, saúde as pessoas e diga do prazer de poder falar a essa gente tão maravilhosa. Se não disser, demonstre-o.

PARA NÃO SE PERDER NO ASSUNTO

Se você apresentará discurso escrito é só empolgar-se e seguir em frente. Pronuncie claramente, com a emoção de estar transmitindo uma mensagem sincera, que nasce do fundo do seu coração.

Não seja uma máquina de leitura. Discurso sem vida, não mantém a atenção dos ouvintes.

Também, não diga o que não acredita, porque os ouvintes captam a sua contradição, consciente ou subconscientemente.

Evite a prolixidade, a cantilena e o tom reto, que são uma ótima maneira de fazer o povo dormir.

Ponha fé, emoção e verdade no que diz.

Agora tenha a certeza: será um sucesso.

Se não for discurso escrito, separe o tema por itens e tenha bem na memória a essência de cada item.

Há palestrantes que levam anotados, em discreto papelzinho, os itens a serem abordados.

Seria muito bom se você escolhesse uma frase especial para encerrar a sua alocução. Para garantir a voz, pode usar pastilha Valda, por exemplo.

Se falar por tempo razoável, não tenha vergonha de beber água, geralmente à sua disposição sobre a mesa. Além do mais, a água é combustível do cérebro.

Evite cacoetes. Preste atenção para observar se não repete demais algumas palavras, como "então", "daí", "eu diria", "na verdade", "praticamente", "justamente", "né", "etecetraetal".

Uma coisa muito chata para o ouvinte é aquele contínuo arrastar de ããããããão, quando o orador está pensando uma palavra ou uma ideia. Deixe vazio aquele espaço de tempo, que é uma pausa que refresca. Evite, pois, a poluição sonora.

Se você quer resposta direta, de viva voz, do público, faça perguntas claras, que permitam aos ouvintes dizer sim ou não, porque não há como o público responder com frases ou com considerações.

SE FOR COLHIDO DE SURPRESA

Lembre-se do velho e sábio ditado latino: "Esto brevis et placebis". Quer dizer: "Seja breve e agradará".

Se lhe derem a palavra de repente, alinhe mentalmente dois ou três assuntos relacionados com o evento e diga-os com descontração e alegria. E sente. Todos gostarão da sua brevidade e você evitará de ter que enrolar a língua.

Certa vez, um senhor entrou no auditório durante um discurso e perguntou a um ouvinte:

- Quando é que vai terminar o discurso?

O homem respondeu:

- O discurso já terminou. Não sei porque ele continua falando.

Sempre que puder preparar a sua alocução, faça-o, para evitar que fale demais, sem saber quando e como parar.

Se você vai cantar, solte-se e interprete sentindo a letra e a música.

Já tenho visto cantores interpretarem uma música cuja letra falava em choro e eles sorrindo e abanando para a plateia.

Interpretar é uma arte.

CAPÍTULO 16

COMO USAR O PODER PARA EMAGRECER

Há muitos métodos para emagrecer, como, por exemplo, as dietas que são anunciadas na mídia, os exercícios físicos, produtos naturais, o jejum, a malhação, a caminhada, o couper, o tratamento médico.

Há ainda os inibidores à base de anfetaminas que, além de não emagrecer, viciam os usuários. Evite-os.

Mas, emagrecer pela mente é possível?

Como a mente criou o corpo, informa-o e controla todas as funções orgânicas, fica claro que aí está um caminho tão desconhecido quanto importante para emagrecer.

A verdade é que a mente age e o corpo reage de acordo.

Mens sana in córpore sano: mente sadia produz um corpo sadio.

O corpo é o resultado da mente. Aceita o que a mente aceitar e como a mente o aceitar. É por isso que, como diz o ditado, você pode comer urubu por galinha, com uma bela digestão como se fosse galinha.

Assim como determinar a mente, assim agirá o corpo.

Escreveu Emile Coué: "O subconsciente é o dirigente principal de todas as funções do corpo. Façamos-lhe crer que tal órgão, que não está funcionando bem, deve funcionar bem. O subconsciente dará esta ordem imediatamente ao órgão, que obedecerá submissamente, voltando a funcionar corretamente instantaneamente ou aos poucos".

A sugestão e o placebo demonstram que o corpo reage conforme determinação da mente. Quando você pensa ou diz que tais comidas engordam, elas engordam. E quando afirma e acredita que tais comidas emagrecem, elas emagrecem de fato.

Mas, a pergunta é esta: é a comida que engorda e emagrece ou é a mente que determina o efeito da comida no organismo?

Provavelmente sua cabeça está repleta de informações e recomendações sobre alimentos que engordam e que emagrecem, que fazem mal e que fazem bem. Isto significa que existe programação mental e seu corpo reage de acordo com essa programação.

Certa vez, uma senhora se queixava para mim:

- Basta eu comer um grão de arroz, que já estou engordando.

Sem entrar no mérito do exagero da afirmação, porque detrás do grão de arroz provavelmente vinha o queijo, o salame, a sobremesa, o café, o sorvete, o chocolate e outras guloseimas, na verdade a mulher tinha feito uma programação mental.

Por falar nisso, um amigo desabafou comigo que Deus, ao criar o homem, estava com certo mau humor, porque tudo que é bom – dizia ele - ou engorda ou é pecado. Tive que rir da pegada do amigo, insatisfeito por não poder comer chocolate e nem transar sem complexo de culpa.

Há dois problemas que fustigam a humanidade de hoje: um é que as comidas mais apetitosas e tentadoras esbanjam calorias e o outro é que o padrão de beleza e elegância de hoje exige esbeltez, magreza.

A mesa se transformou no paraíso e no inferno para muita gente.

Há gordos que assumem a sua gordura e continuam engordando, dizendo que ninguém tem nada a ver com isso. No fundo, porém, não estão satisfeitos, porque, para começo de conversa, gordo não tem nome: é o Gordo. O que ele ouve é isso: E daí, Gordo, tudo bem? Avise o Gordo. Chame o Gordo. Convide o Gordo. Não raro, a autoestima fica um pouco arranhada. O pior é que muitas vezes o Gordo é visto como comilão incontrolado. Muitos, no entanto, conseguem superar esses percalços e são divertidos e felizes.

ENTÃO EMAGREÇA

Pois bem, você quer emagrecer e manter-se esbelto, porque é mais saudável, é padrão de elegância e eleva a autoestima.

Então, emagreça.

- Como?! – exclamará você. – Este é o xis da questão: Como?!

Os métodos da boa alimentação, com as gorduras e calorias reguladas, você já conhece.

Mas, pode ser que tenha esquecido um fato mais do que importante no processo do emagrecimento: a mente. Já toquei no assunto, lembra-se?

Não cometa a heresia de dizer que a mente não tem nada a ver com o corpo. Seria como afirmar que os ponteiros nada têm a ver com o relógio.

A mente dá forma e vida ao corpo. Este, portanto, depende essencialmente da mente.

Se a mente diz que você está comendo lebre, quando na verdade é um gato, o corpo metaboliza a lebre. Se, ao contrário, você está comendo um coelho, mas a mente pensa que é um rato, o corpo reagirá segundo a informação recebida e, de repente, lá está você vomitando.

Um dia, estávamos comendo carne assada de capivara e duas meninas, ao saberem que era capivara, sentiram repulsa e desistiram de comer. Eu pisquei para o assador e pedi que trouxesse a carne assada de gado, que estava na churrasqueira. O assador foi lá, cortou em pedaços a mesma carne de capivara e trouxe à mesa como se fosse boi. As meninas comeram, felizes da vida, supondo que estavam se deliciando com carne de gado.

Num congresso que realizei em Santa Maria, o hipnólogo Fábio Puentes hipnotizou um rapaz e deu-lhe de comer uma cebola, sob a sugestão de que era maçã.

O moço se deliciou com a maçã. Ao voltar da hipnose, sentiu o terrível gosto da cebola e teve vontade de vomitar. O professor imediatamente hipnotizou-o de novo e deu-lhe água, sugerindo que era um benéfico sonrisal e que agora estava tudo bem. Assim aconteceu.

Entenda a importância da mente no processo do emagrecimento.

Certo dia, em que realizava Jornada da Mente em Belo Horizonte, uma moça veio ter comigo e me contou que tinha viajado do interior de Minas especialmente para adquirir a minha fita-cassete do emagrecimento. Contou-me que fora consultar seu médico e percebeu que ele, que era gordo, estava elegante, bem apessoado. Indagou-lhe o que tinha acontecido e ele explicou que emagrecera pela mentalização da fita de Lauro Trevisan. A moça, então, ao saber que me encontrava em Belo Horizonte, foi participar da Jornada e adquirir a fita, que ela também queria emagrecer.

O princípio é este: Tudo que a mente subconsciente aceitar como verdade, move céus e terras para tornar realidade física.

Mentalize o corpo esbelto, elegante, saudável, cheio de vitalidade e beleza.

Faça um quadro mental vendo-se no peso ideal. Imagine-se como quer ser. Ponha detalhes. Alegre-se e agradeça, porque assim é e assim será.

Há pessoas que colam a foto do próprio rosto sobre a foto do rosto de um elegante artista ou de uma manequim e visualizam algumas vezes por dia, imaginando-se assim.

Levando-se em consideração que a imaginação age poderosamente sobre a mente subconsciente, eis outro método de emagrecimento.

Vou repetir o escritor Joseph Murphy: "Você se transforma naquilo que imagina ser".

CAPÍTULO 17

COMO USAR O PODER PARA LIVRAR-SE DAS DROGAS

Existem diversos tipos de drogas: as que não criam dependência e as que geram dependência física, ou psíquica, ou ambas. Estas começam oferecendo o céu, levam ao purgatório e terminam deixando o infeliz no inferno da inutilidade, da violência, do desatino, da apatia, da frustração e da deterioração da vida.

A droga, assim comumente denominada, em última análise, é a contramão da vida. O próprio drogado, ao fim e ao cabo, se dá conta dessa realidade. Mas fica preso à exigência psico-física da substância. Sua vida se torna insustentável e, então, para satisfazer ao vício, alicia, rouba, mata, explora o pai, a mãe, irmãos e a quem puder. Uma desgraça sem fim. A autoestima vai a zero e não raro cai no abismo total.

Uma das tentativas de recuperação é a desintoxicação, feita em clínicas ou em hospitais especializados. Mas, depois disso, normalmente retorna ao mesmo meio, às mesmas companhias, cai nas mãos dos mesmos viciados e traficantes, e recomeça o drama.

SOLUÇÕES

- Há solução?
- Claro, tudo tem solução.

Existem pessoas que, ao perceberem a borda do abismo, entram em si e entendem que devem tomar uma decisão definitiva: ou seguem para o abismo total ou voltam a viver e realizar seus sonhos adormecidos. Neste caso dão um basta à situação. Lançam o grito de libertação, que ecoa nas profundezas da alma, arrancando forças que rompem barreiras e abrem caminho.

Foi o que aconteceu com o cantor Nelson Gonçalves. Caiu na droga, deteriorou a vida, parou de cantar e chegou a um momento em que teve que decidir: ou destruir-se ou abandonar aquela vida e voltar a cantar, a sentir a emoção do palco e da própria voz que encantava as multidões. Ou morrer ou voltar à fama.

Decidiu pela vida e por seus ideais. Trancou-se na própria casa e recomendou à esposa que não lhe abrisse a porta, nas crises de abstinência, nem que gritasse, nem que exigisse. Queria libertar-se na marra. E foi o que aconteceu. Passados os dias em que o organismo clamava pela droga, a tempestade foi amainando, libertou-se e voltou a cantar feliz da vida.

PRINCÍPIO LIBERTADOR

Uma força de qualquer tamanho só é vencida quando enfrentada por outra força superior.

Existe uma força que arrasta o viciado às drogas. Não raro, é força compulsiva, incontrolável.

Conselhos, lágrimas, ameaças, doenças, miséria, prisão, para muitos, não são força maior capaz de libertá-los.

É preciso descobrir uma força positiva superior, um ideal grandioso, uma energia que rompa as barreiras e empolgue a vida do drogado. Quando isto acontece, ele deixa e esquece definitivamente as drogas. Agora ele é, por assim dizer, arrastado por outra força mais poderosa.

Para muitos, essa energia salvadora chama-se Jesus Cristo; para outros é o amor; para alguns, surgiu um ideal que sacode todas as fibras do seu ser.

Existem instituições como as Fazendas Bom Jesus, que recuperam viciados sem o emprego de nenhum tipo de remédio, apenas levantando ideais religiosos para Jesus Cristo e praticando a solidariedade, a ajuda-mútua e o trabalho.

O cantor Nelson Gonçalves deixou a droga, que estava liquidando a sua vida, porque decidiu voltar a cantar. Se não me engano, pela mesma situação passou o líder do grupo Rolings Stones.

Para salvar um desgraçado, caído no fundo do poço, não basta desintoxicar. É preciso descobrir-lhe um grandioso estímulo. Houve viciados, convertidos na prisão, que até se tornaram pastores. Eis aí um ideal superior.

Anote: Qualquer força, de qualquer tamanho, será superada quando enfrentada por outra força superior.

Um dos mais autênticos caminhos da cura está em despertar nessas pessoas um ideal grandioso, um projeto fascinante, uma meta irresistível, uma luz maior.

LIBERTAÇÃO PELO PODER INTERIOR

Uma coisa é libertar-se pela força de vontade, outra coisa é libertar-se pelo Poder Interior, pela ação da mente subconsciente.

Muita gente desiste da luta pela fraqueza de vontade, por faltar ânimo, por ceder à tentação, por estar com a personalidade em pandareco.

O método da libertação pela ação do poder interior não exige luta, nem sofrimento. Não é a pessoa que batalha para libertar-se, mas é libertada pela ação interior.

O princípio básico é este: Tudo o que o subconsciente aceita como verdade, executa. Portanto, a libertação não é resultado da mente consciente, mas do subconsciente.

O caminho é transmitir claramente, com fé irredutível, a mensagem de libertação ao subconsciente.

O papel do subconsciente é cumprir as ordens que recebe da mente consciente.

Não importa o tamanho da ordem e nem o tamanho do impossível: qualquer determinação que chegar univocamente ao subconsciente, este moverá céus e terras para tornar realidade física. Não há barreira que não possa ser superada pelo subconsciente e não há grandeza que não possa ser alcançada pelo poder interior. Você já viu que a PALAVRA é o poder criador e curador.

Use a palavra, sob a forma que desejar, para dar ordem definida e definitiva ao subconsciente e este reagirá de acordo. Seja por uma imagem, por uma frase, ou por oração, ou por mentalização, o importante é que seja clara, determinada, firme, afirmada no presente, no aqui e agora.

Lembra-se da definição da fé?

Fé é crer firmemente na realização da sua palavra.

Quando existir fé, existirá infalivelmente o resultado.

Mentalize a libertação.

Imagine-se liberto, feliz, saudável, forte, vencedor.

Imagine sua nova fase da vida. Visualize as pessoas mais queridas, como pai, mãe, irmãos, namorada(o), esposa, filhos, abraçando você e elogiando sua grande vitória e sua nova vida.

Imagine-se feliz, no convívio com pessoas do seu coração, sendo recebido na comunidade, dedicando-se ao novo projeto de vida.

E vá em frente.

No caminho você será socorrido por forças superiores.

O poder funcionará se houver sobre o que funcionar.

Por exemplo, mentalize mais ou menos assim:

"Estou liberto.

O Poder Infinito me libertou.

Sei que a fé remove montanhas, destrói vícios, elimina dependências, cura doenças, produz milagres e torna possível o impossível. Sei, por isso, que essa força todo-poderosa me libertou e me abre caminhos de felicidade, de amor, de alegria e de sucesso na nova vida.

Não sinto nenhum atrativo pelas drogas. Detesto-as. É coisa do passado que não volta mais.

A Sabedoria Infinita está me conduzindo para a realização plena da minha vida e aí encontro o prazer máximo que nada pode superar.

Estou definitivamente liberto.

Assim é agora e sempre".

CAPÍTULO 18

COMO USAR O PODER PARA ÓTIMA RELAÇÃO COM OS FILHOS

O ótimo relacionamento entre pais e filhos deveria começar vinte anos antes do nascimento do filho. Concorda?

Sim, porque os pais transmitem aos filhos o que existe no seu mundo interior, feito de crenças, hábitos, cultura, temperamento, personalidade e caráter.

Desde a gestação até os sete anos, seu filho é uma mente aberta, dependente, indefesa, que vai sendo programada pelas mensagens recebidas dos pais e, eventualmente, de outras pessoas.

É nestes anos de maior receptividade que os pais devem transmitir mensagens positivas, otimistas, alegres, amorosas, confiantes, felizes, agradáveis e benéficas.

Mas, não esqueçam de evitar contradição entre as palavras e a vida. Se a criança recebe duas mensagens opostas, crescerá confusa e isso não é benéfico à sua personalidade.

AOS VINTE ANOS, O FILHO É UM ACERVO DE HÁBITOS

***

Emerson, famoso psicólogo, escritor e poeta norte-americano, escreveu que, aos 25 anos, somos um pacote de hábitos.

Eu digo que já aos vinte anos, ou menos, somos um pacote de hábitos.

Os pais, irmãos, amigos, escola e religião, são protagonistas na formação da personalidade do filho.

Quando o filho apresenta problemas, os pais façam pausa para meditação e verifiquem o que está causando conflitos e hábitos negativos nele. Caso nada encontrarem, um psicólogo poderá ajudar a detectar o problema e a saná-lo em tempo.

À medida que o filho vai crescendo e assumindo sua vida, passará a autoanalisar-se e a criar padrões mentais que nortearão seus passos.

Os pais empenhem-se, mas empenhem-se mesmo, em propiciar condições e oportunidades aos filhos de participarem de cursos, palestras, encontros, reuniões, grupos, seminários, que o ajudem a evoluir positiva e saudavelmente.

Não raro, principalmente a partir da adolescência, o filho se nega a participar de cursos especiais de enriquecimento psicológico, mental e espiritual. Prefere os grupos de rua, os bares, aquele tipo de vivência que não acrescenta nada e, bastas vezes, o corrompe ou o empurra às drogas, aos traficantes e vagabundos, que sabem muito bem como abalar as convicções e a moral do rapaz ou da menina. Uma das táticas usadas por essa gente desencaminhada é atingir a parte mais sensível da idade adolescente: ser tachado de cafona, brega, quadrado, filhinho de papai e a ameaça de ser rejeitado pelo grupo. O elogio aos que entram na droga e se submetem à liderança dos viciados ou traficantes é uma isca atraente.

Se o seu filho não possui sólida formação, corre o risco de se tornar um desgraçado que, além de tudo, passa a tumultuar a vida familiar.

Vocês, pais, preferem entregar o filho a essa gente ou fazer de tudo para que ele se desenvolva saudável, positivo, cheio de ideais, frequentando cursos e boas companhias?

Vale a pena insistir e até mesmo forçar o seu filho a participar de jornadas – e hoje são tantas e com temas variados – que vão ampliar a visão da vida.

É muito mais fácil convidar, insistir, e até exigir, a participação dos filhos em encontros benéficos e úteis do que se atormentar durante anos e anos com um filho decaído, violento e perturbado.

Importante: Boas companhias com pessoas da mesma idade é o melhor que pode acontecer com seu filho. Os pais caprichem nisso.

CONFLITO DE IDEIAS

Sempre haverá diferença de ideias, crenças e mentalidades entre pais e filhos, exatamente porque há diferença de 40 anos entre eles. Mas isto, longe de ser problema, é ótimo para ambos os lados.

O diálogo e a conversa destituída de autoritarismo e de unilateralidade, entre pais e filhos, enriquecerão uns e outros.

Se vocês, pais, não deixarem os filhos falar e não os ouvirem, perdem uma grande chance de saber sobre o mundo de hoje, sobre as tendências, crenças e filosofias de vida que se expressam na juventude.

Reconheçam que há distância entre vocês e eles. Talvez vocês sejam do tempo da máquina de escrever, enquanto que os filhos já começaram ligados no computador e na internet.

Os filhos sadios, ligados no mundo de hoje, trazem as novidades e o futuro para dentro de casa. Isto é maravilhoso. Ótima escola para os pais.

Os pais, por sua vez, terão oportunidade de oferecer aos filhos o que lhes falta: experiência, prudência, certas crenças e verdades indestrutíveis, autoconfiança, fé no sucesso, apoio diuturno.

COMO CRIAR BOM RELACIONAMENTO

A boa convivência deve sempre existir na família e todos têm os melhores motivos para contribuir neste sentido.

***

Pai, mãe, filho, filha, prestem bem atenção ao seguinte: Na hora do sofrimento, do acidente, da desgraça, da doença, desaparecerão os amigos, os vizinhos, os traficantes, os companheiros de festa, e sobrarão apenas os braços abertos e o apoio da família. Então, dê um pouco de si, colabore para a alegria e a paz do lar, seja agradável e tolerante. Participe de boa vontade dos acontecimentos familiares. Seja positivo.

Conheço jovens que, fora de casa, são legais, brincalhões, prestativos, sacrificados, mas em casa se mostram casmurros, durões, descontrolados, contra tudo e contra todos.

Desde hoje, seja diferente.

Você tem inteligência e compreensão; tem Deus, poder e sabedoria dentro de si.

Use seu Poder Interior para ser a pessoa mais agradável da família.

Faça assim e nunca se arrependerá.

Não quero, com isso, dizer que você deva ter as mesmas opiniões dos outros e nem que deva sacrificar seus sonhos e ideais. Não é isso. Você é você, ser único no universo, com projetos grandiosos que deseja realizar. Ótimo.

Mas nada pode estar acima do amor, da boa vontade, da boa convivência.

Nada deve sobrepor-se ao AMOR.

***

Como usar o poder para o bom relacionamento?

Antes de tudo, analise quais são as qualidades que se fazem necessárias a você para um bom relacionamento na família. Mentalize, por exemplo, o amor familiar, a união, a compreensão, a tolerância, a boa vontade, a alegria, a harmonia, o sorriso, o bom humor, a paz, a tranquilidade, o espírito de cooperação.

Cada familiar mentalize as qualidades necessárias a si e à família para que tudo corra às mil maravilhas.

Você já aprendeu que a palavra produz a realidade do seu conteúdo.

Esta é a maneira de usar o Poder Interior para o bom relacionamento.

Se você tiver atrito forte com algum membro da família, relaxe e faça um quadro mental em que você fala mentalmente para essa pessoa:

"Eu gosto de você. Não há necessidade de vivermos em conflito, evitando-nos, porque nós somos um nessa família, temos boa vontade e queremos o melhor.

Perdoo e sou perdoado. O que passou, passou.

Agora somos justos e também generosos. Já nos damos bem e nos entendemos. Isso é ótimo. Obrigado. Assim é e assim será".

CAPÍTULO 19

COMO USAR O SEU PODER PARA MANTER FELIZ O CASAMENTO

Antes de tudo, saiba que a essência do casamento é o amor. Portanto, só case por amor.

Por mais atraentes e gratificantes que sejam beleza, sexo, riqueza, prestígio, poder, cultura, fama, não são essenciais ao casamento. Não estou dizendo que sejam indesejáveis, nada disso.

Que ótimo se você somar ao AMOR todos os complementos que ajudam ao bem-estar, à saúde, ao progresso, ao conforto, ao prazer e à boa convivência!

Muitos pensam que casamento é essencialmente sexo.

Sexo é o banquete do casamento, a suprema intimidade, o prazer psico-físico, o elixir da saúde, mas não faz a essência do casamento, que pode existir ou subsistir sem sexo.

Embora sexo e casamento formem normalmente as duas faces da mesma realidade, ambos podem existir independentemente. Existe casamento com sexo, casamento sem sexo e sexo sem casamento.

MAS, NÃO EXISTE CASAMENTO SEM AMOR.

***

A mentalidade comum de grande parte das pessoas, devido a certos atavismos tradicionais, faz do sexo o fundamento da vida a dois.

Este equívoco leva a consequências desastrosas.

Primeira, que, se não há sexo, não há casamento. Resultado: separação.

Segunda: se acontecer sexo fora do casamento, é motivo de divórcio. Até legislações civis incorrem nesse equívoco.

Não há nenhuma cerimônia de casamento, religiosa ou civil, que faz os noivos declararem: "Prometo só fazer sexo com você pelo resto da minha vida".

O que os noivos prometem na igreja é AMAREM-SE por toda vida, na saúde e na doença, na riqueza e na pobreza.

Casamento é amor, sexo é sexo.

Casamento é estado de vida, sexo é circunstancial.

Casamento com amor e sexo é maravilhoso, sem dúvida nenhuma, entenda bem. Os dois podem, inclusive, se quiserem, prometer fidelidade sexual, mas isto é outra história.

Suponhamos que os dois tenham se prometido fazer as refeições em casa, mas, de repente, qualquer deles não resistiu a um churrasco fora, com outra pessoa: seria isto sinal de que o casamento entrou em colapso?

COLAPSO DO CASAMENTO É O DESAMOR.

Atenta contra a essência do casamento tudo o que agride o amor, por exemplo, o ódio, a mágoa, o ciúme, a agressividade, o desrespeito, a violência, a intolerância, a ausência psicológica, a frieza, a falta de solidariedade, a desconfiança.

É claro que rejeitar a relação sexual no casamento pode expressar desamor, mas não necessariamente.

Nunca esqueçam que o carinho, a carícia, o toque, a massagem, a relação sexual prazerosa, levam o cérebro a liberar o hormônio da oxitocina, endorfina e dietilamina, que aliviam as dores e produzem ótimo bem-estar, inclusive com fortalecimento do sistema imunológico.

A Medicina descobriu ultimamente que relações sexuais prazerosas três vezes por semana rejuvenescem os parceiros. É o que diz a notícia.

COMO PRESERVAR O CASAMENTO

Se a essência do casamento é o amor, tudo o que visa manter e fortalecer o amor, vai fortalecer o casamento.

As atenções do casal devem voltar-se para o cultivo do amor.

O amor faz a felicidade conjugal.

O casamento está em crise na época atual precisamente porque o casal enfoca erradamente as prioridades do casamento.

Veem-se casais interessados, mais do que tudo, no aumento da renda e do patrimônio, na compra de um carro, na aquisição de uma casa ou apartamento, nos negócios. Isto tudo é bom, muito bom, mas se ficar nisso, o essencial terá sido olvidado.

Amor significa o prazer de existir, que significa felicidade, que significa reino dos céus interior.

Este estado interior individual, pelo casamento é compartilhado.

O melhor que você pode fazer pelo companheiro é ser amor e irradiar amor, ser feliz e irradiar felicidade. Até porque você não pode dar ao outro o que não tem. Se você não tem amor em si mesmo, não poderá irradiar amor ao seu parceiro. Neste caso, vai exigir amor, sem retribuir. Aí o casamento já está claudicando, porque casamento não é amor a um e sim a dois.

É fundamental para o sucesso do casamento que você se ame a si mesmo plenamente e que expanda esse amor ao companheiro. Este fará o mesmo e, então, temos uma união conjugal plena e perene, porque temos um dueto feliz.

ANTES DE TUDO SEJA AMOR

Se você é amor, é alegre, feliz, positivo, saudável,

agradável, lindo e maravilhoso, como se diz por aí.

Se você é amor, não sofre depressão, já que amor é felicidade e reino dos céus, justamente o antídoto contra a depressão, assim como é a cura contra o ódio, o ressentimento, o negativismo e o pessimismo.

Ao invés de começar exigindo amor do outro, exija de si mesmo. Este é o primeiro passo; sem este não há outro.

O PODER DO AMOR

É bom saber que você é originário do Supremo Amor, nasceu por amor, para ser amor.

O amor, portanto, já existe em você. Talvez você o tenha aprisionado, sufocado, empurrado para o porão do subconsciente, mas ele existe em você.

Faça agora com que se expresse na sua vida.

Lembre que a palavra é o exercício do seu poder.

Mentalize o amor, a felicidade, a festa da vida.

Visualize-se em estado de amor, da maneira mais fortemente vivenciada que puder. Se tiver dificuldade, existem Cds e Dvds que podem ajudar você.

Assim é e assim será.

Agora você é amor. E este amor estará sendo irradiado para o companheiro e o amor que existe em seu companheiro está se expandindo para você, porque ambos estão em sintonia e harmonia.

Eis o amor a dois, a felicidade a dois.

AMOR E LIBERDADE

Como você é amor, não depende do outro. Nem o outro depende de você.

Cada um é amor e a SINTONIA cria a fusão amorosa.

Sinta-se sempre cheio de amor em si mesmo, pois assim não será dependente, nem mendicante de amor, nem exigente.

Sinta-se iluminado de amor e não sobrará espaço em você para o ódio, a mágoa, o ciúme, a intolerância, a solidão, a violência e o desrespeito.

Uma das crenças equivocadas, mas cultivada ao longo do tempo, é a de que o outro pertence a você.

Muitos pensam que, ao casar, tomam posse do companheiro. Acham que se tornam proprietários.

Esta mentalidade é destruidora do casamento, pelo simples fato de que se existe um possuidor, deve existir um possuído; se existe um proprietário, existirá a propriedade. Isto não é casamento, é prisão.

No casamento, os dois são seres individuais, independentes, donos de si, autores da própria vida. Os dois. Portanto, não há possuidor e nem possuído.

***

O QUE UNE NÃO É A POSSE: É O AMOR.
E TODO AMOR É LIVRE POR NATUREZA.

***

Não existe amor se não existir liberdade.

O melhor presente de quem ama é a liberdade. Olhe um pássaro voando no céu, lindo, feliz, cantando, livre, brincando com o azul e as nuvens.

Você o vê tão lindo e feliz que o quer para si. Pega o pássaro e o coloca na gaiola. Sei que é uma gaiola doirada, aconchegante, com limpeza e ótima alimentação. Para você, é uma linda gaiola de ouro, para o pássaro é uma prisão. Aí já não está aquele pássaro que voava livre, feliz, cantando pelos céus. Aí está um prisioneiro.

É isso que você quer para sua esposa? Para seu marido?

- Ama e faze o que quiseres – dizia, há 1600 anos atrás, um grande filósofo, teólogo, pensador, doutor da igreja e santo, chamado Agostinho de Hipona.

A liberdade é a condição básica para que o amor possa crescer e desenvolver-se. A liberdade, oferece espaços para a evolução, a criatividade, o crescimento e a expansão do amor. Se você mata a liberdade, está matando o amor.

Se, pela liberdade, a vida conjugal se deteriora, é claro que se deterioraria em qualquer outra situação, porque liberdade é um bem e o bem não produz o mal.

MENTALIZE

Agora que você é amor, que casou por amor, que vive livremente e dá liberdade para o amor do outro expressar-se, mentalize alegria, paz de espírito, sorriso, boa vontade, bondade, generosidade, perdão, compaixão, solidariedade, partilha, bom humor, justiça, equilíbrio mental.

Use a fórmula de Jesus: Faça ao outro o que quer que o outro faça a você.

Por outras palavras, trate o outro como se o outro fosse você.

Na verdade, o outro é você. O bem e o mal que deseja ao outro, retornam a você.

No meu livro AME OU VOCÊ MORRERÁ NO PRÓXIMO DOMINGO, descrevo a psicologia masculina e feminina e a necessidade de ambos conhecerem-se mutuamente afim de que possam fazer avaliação correta dos comportamentos e atitudes do companheiro.

Grande parte dos desentendimentos ocorrem porque ele vê a mulher através da própria psicologia e ela vê o parceiro como clone de si mesma. É preciso não só autoconhecimento como também conhecimento da forma de ser, agir e reagir do outro, caso contrário os conflitos não terão fim.

A PALAVRA CONSTRÓI OU DESTRÓI

Se você ficar dizendo e repetindo que o casamento não vai bem, que as coisas estão piorando, que assim não pode continuar, que o outro já não é o mesmo, que a relação está complicada, que desconfia do companheiro – lembre-se que está mandando ordens ao subconsciente para que ele cumpra.

Como o subconsciente não seleciona pensamentos – isto pertence à mente consciente – tratará de executar o conteúdo daquilo que você diz e repete.

Faça afirmações, orações e mentalizações positivas, por exemplo: "Somos felizes e nosso amor está crescendo sempre mais e mais a cada dia. Sou livre e dou liberdade para que nossa vida seja linda, agradável, feliz e amorosa. Eu sou amor e irradio amor para você. Você é amor e irradia livremente amor para mim. Assim é e assim será".

CAPÍTULO 20

COMO USARÁ SEU PODER PARA MANTER-SE JOVEM

Juventude é estado de espírito.

Contar os anos pela soma cronológica é o mesmo que determinar sua saúde pela quantia de refeições que você faz.

O corpo mantém a idade da mente.

A mente expressa sua individualidade, seu modo de ser, de agir, de reagir, de analisar, de se comportar diante das vicissitudes do dia a dia.

A mente assimila e vivencia suas crenças, seu temperamento, sua personalidade, seus dogmas.

Sua mente é, em última análise, você. E você se mostra pelo corpo.

Você já viu que há relação intrínseca entre sua mente e seu corpo. Este é o efeito da mente.

Tal mente, tal corpo.

Como o corpo age sob o comando tanto da mente consciente quanto da mente subconsciente, a única conclusão é que ele revela o que você é e como você é.

Albert Schwaitzer dizia que aos vinte anos você tem

o corpo que Deus lhe deu; aos quarenta, o corpo que a vida lhe deu; e aos sessenta, o corpo que você merece.

O corpo, em si, não envelhece. Você é que o envelhece.

Os cientistas fizeram uma pesquisa sobre o corpo humano e chegaram à conclusão de que é mais fácil provar porque o ser humano deve viver para sempre do que provar porque deve morrer.

O QUE ENVELHECE VOCÊ

Não é necessário repetir que o corpo é vivificado pela mente e expressará o tipo de vida que a mente lhe imprimir.

Mente negativa, deprimida, triste, odienta, ressentida, infeliz, desgraçada, tensa, preocupada, amedrontada, desanimada, desesperada, agressiva, pessimista, intolerante, irritadiça, descontrolada, injusta, decepcionada, angustiada, alterada, perturba a harmonia do corpo, alterando o funcionamento.

Cada procedimento negativo fustiga algum órgão, alguma função biológica, ou então o esquema geral do organismo.

As situações mentais negativas geram tensões e hipertensões, que, se muito repetidas, abatem as energias e geram estresse e exaustão. Neste caso, o organismo entra em desgaste.

O resultado será o esgotamento das energias físicas e o enfraquecimento do sistema imunológico, com

isso abrindo-se uma brecha para as enfermidades.
É o caminho do envelhecimento.

***

ENVELHECIMENTO EXPRESSA
A DECADÊNCIA DA MENTE.

***

Diz a bíblia que o espírito abatido virá a secar os ossos.

REJUVENESÇA

Para rejuvenescer, é mister que você descarregue o fardo.

A cada dia as coisas de cada dia – ensinou Jesus.

Liberte-se do passado, perdoando-o.

SEJA FELIZ.

"As pessoas felizes não adoecem"- escreveu o dr. Bernie Siegel, renomado médico, autor de diversos livros sobre amor, medicina e saúde.

"As pessoas felizes são saudáveis"- afirmou Louise Hay.

Releia agora o capítulo da Felicidade.

SEJA ALEGRE E SORRIDENTE.

Já falei que a alegria e o riso relaxam os músculos, facilitam a digestão, dilatam as artérias, tornam a pele corada, dão brilho aos olhos, oxigenam o sangue, oxigenam o cérebro, fortalecem o sistema imunológico, previnem problemas cardiovasculares, eliminam o estresse e a depressão, acabam com a angústia e as preocupações.

Diz um provérbio do grande sábio Salomão: "O coração alegre aformoseia o rosto; mas, com a tristeza no coração, o espírito se abate".

Já que citei a bíblia, veja esta pérola de sabedoria do livro Eclesiastes: "A alegria do coração é a vida do homem e o contentamento lhe multiplica os dias".

O riso e a alegria levam o cérebro a liberar endorfina, que alivia as dores e produz profundo bem-estar.

Riso e alegria são fontes perenes de energias que rejuvenescem.

SEJA POSITIVO.

A mente positiva harmoniza a vida e gera energias vitais.

AME.

Como o amor é a essência da vida, quem ama vive a própria essência, que é fonte de perenidade.

Paracelsus, famoso médico e alquimista da Idade Média, escreveu: "A origem suprema de todo medicamento é o amor".

Amor é vida plena.

"Sem amor, existe apenas velhice, pois seremos velhos apenas quando deixamos de amar. As pessoas pensam que envelhecem porque vivem. Na realidade, envelhecem por não amarem mais". Quem escreveu essa mensagem foi Giácomo Dacquino, em seu livro Viver o

Prazer.

Amar ou amar, não existe outro caminho.

TENHA UM IDEAL.

O ideal, ou projeto de vida, quando iluminado pelo entusiasmo, é energia vitalizante, capaz de recuperar a saúde e rejuvenescer.

Escreveu o famoso General Mac Arthur: "Não é por termos vivido um certo número de anos que envelhecemos... Envelhecemos porque abandonamos o nosso ideal".

MENTALIZE

Pouco importa se até aqui sua vida não tenha sido lá essas coisas.Toda hora é hora de mudar e recomeçar.

Renascer – sugeria Jesus.

Renascer não tem idade.

Renascer é recomeçar a vida na sua plenitude.

Andersen escreveu que nós nem sequer somos capazes de evitar que nossos pensamentos e nossas crenças se tornem verdade em nossa vida. Já citei esta frase, lembra-se?

Mentalize mensagens como estas:

"Eu sou filho de Deus perfeito.

Jogo fora definitivamente todos os males, doenças, sofrimentos e desgraças que me afligem e começo neste instante o melhor da minha vida.

A Sabedoria Infinita me ilumina e me guia para uma vida feliz, alegre, saudável, amorosa, positiva e bem-sucedida.

Meu corpo, minha mente e meu coração estão em perfeita harmonia e sintonia e eu me encontro em comunhão com o Altíssimo que habita o íntimo do meu ser, por isso sou forte, poderoso, feliz e cheio de vida.

A Força Divina me rejuvenesce.

Vejo-me jovem, vigoroso, bonito, irradiante, com a força de um Sansão, o esplendor de um Salomão, o espírito poderoso de um César, a energia de um Moisés e a fé conquistadora de um imperador Constantino.

Sou a juventude da minha idade.

Sinto-me jovem, penso como jovem, aceito os desafios de jovem, sou efervescente como jovem, aventureiro como jovem e sigo em frente com a energia vigorosa do jovem.

Assim é e assim será".

CAPÍTULO 21

COMO USARÁ SEU PODER PARA GOSTAR DE SI MESMO

Gostar de si mesmo é fundamental.

Amor é energia, é vitalidade, é harmonia, é saúde.

Amar-se a si mesmo é a base do cristianismo.

A essência da mensagem de Jesus é o AMOR, que tem como ponto de partida a própria pessoa: "Amar a Deus e ao próximo assim como se ama a si mesmo" .

Gostar de si não é opcional, é essencial.

A pessoa que não se ama, abre espaços para o estresse, a depressão e o debilitamento mental e físico.

Você até pode dizer que não é fácil amar-se a si mesmo, mas não poderá dizer que não é necessário.

AJUDANDO VOCÊ A GOSTAR-SE

É bom saber o que dizem alguns pensadores a respeito de você.

O filósofo Sófocles: "De todas as maravilhas do mundo, o homem é a maior".

O matemático famoso William Hamilton: "Não há nada de grande na terra a não ser o homem; e no homem não há nada de grande senão a mente".(1.805-1.865).

Jesus: "Vós sois deuses".

Se você não gosta de si é porque conhece apenas a sombra de si mesmo.

Na verdade, você é da dimensão do Infinito, filho de Deus perfeito, imagem e semelhança divina.

Se você se detesta, estará detestando o Deus que habita o íntimo do seu ser.

Estamos combinados: você quer gostar de si mesmo.

Que fazer?

CRIE A PESSOA QUE VOCÊ GOSTA

Graças a Deus, ninguém está condenado a carregar suas mazelas, negativismos e erros pelo resto da vida.

Toda hora é hora de ser o que você é.

Esta é a sua hora. Não é por nada que está lendo esta mensagem. Por certo, foi inspiração do seu Eu Superior ou do seu anjo interno.

Comece reconhecendo sua verdadeira identidade: originário do Infinito.

Determine qual é a pessoa que quer ser daqui para frente.

Crie sua nova AUTOIMAGEM.

Imagine-se com o corpo, mente e coração que deseja. Inspire-se em pessoas pelas quais você nutre imensa admiração e recolha as qualidades que fascinam você.

Visualize-se como quer ser.

Lembre-se que PENSAR É SER.

Murphy escreveu que você se transforma naquilo

que imagina ser. Já citei esta passagem.

Pare um pouco a leitura, relaxe e torne-se, pela visualização, a pessoa dos seus sonhos.

Todo sonho legítimo se torna verdade.

MENTALIZE

Quem sabe sobre você é você.

Diga para si mesmo, com fé e singeleza, a sua nova realidade.

Ou mentalize assim:

"Eu sou o que sou e não o que fui até aqui.

Quero que minha verdadeira realidade de filho de Deus perfeito se manifeste em mim desde este momento.

Eu gosto de mim e me sinto muito bem na minha própria companhia.

Sou agora aquela pessoa dos meus sonhos e agradeço a Deus pelo milagre da minha transformação.

Vejo-me bonito, simpático, agradável, atraente, irradiante.

Meu corpo agora é elegante e iluminado, revelando a imagem que mais aprecio de mim mesmo.

Minha mente é lúcida, positiva, inteligente, otimista e sábia.

Meu coração é amor, amor que me faz feliz e que atrai amigos e amigas sinceros e queridos.

Todos gostam de mim porque eu gosto de mim.

Agora estou ótimo. Estou em alto-astral.

Assim é e assim será".

Fim

ÍNDICE

Leia também estas obras complementares

TUDO TEM SOLUÇÃO

Pode ser que você, algum familiar, ou amigo, esteja passando por situação difícil, sem conseguir encontrar uma solução. Há pessoas que estão, inclusive, num estágio mental de desânimo, com sintomas de depressão, porque as coisas não dão certo. Este livro vai chegar na hora certa.

Você pode não conhecer o caminho, mas ele existe. Sim, sempe existe um caminho, sempre há uma ponte, sempre encontrará uma receita milagrosa, sempre haverá uma prece atendida, sempre terá uma escada para você subir.

Tudo Tem Solução é o livro para os que buscam soluções e sucesso na vida.

Lauro Trevisan, com seus longos conhecimentos e experiências, lhe afirma que tudo tem solução. Leia esta obra. Sentirá renovado ânimo e conseguirá sobrepujar obstáculos que possam parecer intransponíveis para o seu tamanho.

Não sofra - solucione.
Você tem muita vida pela frente.

A CHAVE DO MAIOR SEGREDO DO MUNDO

Você já ouviu falar da Lei da Atração, da Lei da Fé, da Lei que Cada um Colhe o que Semeia, da Lei de Retorno, da Lei de que o Semelhante Atrai o Semelhante. Essas descobertas revelam a verdade ensinada por Jesus: "Quanto ao poder, quem tem fé tudo pode".

Mas, a questão é essa: Como usar esse poder? Qual é o segredo através do qual alguns conseguem fazer funcionar o poder, quando tantos outros não obtêm êxito?

A resposta clara, simples e verdadeira você a encontra nessa obra de Lauro Trevisan, lançada em 2007, atualmente na quinta edição brasileira. Leia e ofereça aos familiares e amigos.